일타큰스님 법어집
불자의 마음가짐과 수행법

효림

일타큰스님 법어집
불자의 마음가짐과 수행법

초 판 1쇄 펴낸날 2000년 1월 3일
　　　 17쇄 펴낸날 2025년 1월 24일

지은이 일타스님
엮은이 김현준
펴낸이 김연지
펴낸곳 효림출판사

등록일 1992년 1월 13일 (제2-1305호)
주 소 서울시 서초구 반포대로14길 30, 907호 (서초동, 센츄리I)
전 화 02-582-6612, 587-6612
팩 스 02-586-9078
이메일 hyorim@nate.com

값 7,000원

ⓒ 효림출판사 2000
ISBN 978-89-85295-17-8　03220

잘못 만들어진 책은 바꿔 드립니다.
이 책은 저작권법에 따라 보호를 받는 저작물이므로 무단전재와 무단복제를 금지합니다.

서 문

사람은 누구나 영원하고 자유롭고 편안하기를 바란다. 그러나 우리의 현실은 그렇지가 못하다. 끊임없는 행복과 더 큰 자유를 추구하면서도 고통의 삶을 거부하지 못한다. 고난이 닥쳐오면 피하고 싶어지고, 피하기 위해 도망도 쳐보지만 결국은 무조건 당하고 무조건 받게 되는 경우가 허다하다. 그래서 부처님께서는 말씀하셨다.

"모든 것은 괴로움이다[一切皆苦]."

실로 인생은 괴로움투성이이다. 우리의 삶 자체가 그대로 괴로움이다. 특히 부처님께서는 어떠한 중생도 피할 수 없는 여덟 가지의 괴로움[八苦]을 말씀하셨다.

① 태어나는 것이 괴로움이요[生苦]

② 늙는 것이 괴로움이요[老苦]
③ 병드는 것이 괴로움이며[病苦]
④ 죽는 것이 괴로움이니라[死苦]
⑤ 미운 이와 만나는 것이 괴로움이요[怨憎會苦]
⑥ 사랑하는 이와 헤어지는 것이 괴로움이며[愛別離苦].
⑦ 구하는 것을 얻지 못하는 것도 괴로움이다[求不得苦].
⑧ 통틀어 정신과 육체로 이루어진 '나'의 삶 자체가 괴로움인 것이다[五陰盛苦].

하지만 우리는 이와같은 괴로움이 다가오는 것 자체를 싫어한다. 자신도 모르게 태어났으니 태어남의 괴로움은 그만두고라도, 늙기 싫고 병들기 싫고 죽는 것은 더더욱 싫다. 왜 우리는 하기 싫은 것을 맞아들이고 받아들이며 살아야 하는 것인가? 왜 미운 사람과 얼굴을 마주 대해야 하고 사랑하는 사람과 영원히 함께하지 못하는 것인가? 왜 돈과 명예와 권력 등을 뜻과 같이 얻지 못하고 구하지 못하고 이루지 못하는 것인가?

실로 우리의 인생살이에서 마음대로 되는 일이란 거의 없다. 마음대로 되지 않으니 괴롭고 또 괴로울 뿐이다. 그러나 어찌하겠는가? 괴롭다고 하여 인생을 포기할 일은 아니다.

 오히려 지금 이 자리에서 괴로움을 뛰어넘을 방법을 찾아야 한다. 지금 받고 있는 이 괴로움의 원인이 무엇인지를 밝혀, 현재의 괴로움을 넘어서고 영원 생명과 무한 행복을 찾아야 한다.

그럼 어떠한 마음가짐으로 살아야 고통의 삶을 넘어 영원 생명과 무한 행복을 '나'의 것으로 만들 수 있는가?

첫째, 원망하지 않는 삶의 자세를 길러야 하고

둘째, 인연에 순응하며 살아야 하며

셋째, 무소유의 도리를 깨우쳐 만족할 줄을 알아야 한다.

불법이 무엇인가를 확실히 깨닫고 번뇌의 실체를 정확히 파악하여, 염불·참선·간경·주력의 불교 4대 수행법 중 하나를 택해 수행의 길로 나아가야 한다. 이렇게 하면 마음 깊이 진리를 깨달아 마침내 대자유와 대해탈을 얻을 수 있게 되는 것이다.

부디 모든 불자들이 빈도의 이 보잘것없는 글을 잘 소

화하여 무한 행복과 큰 깨달음을 이루는 주춧돌을 마련하기를 두손 모아 축원드린다.

불기 2543년 가을
일본 동경의 慈惠病室에서
동곡 일타

차 례

· 서문 5

제1장 불자의 마음가짐

I. 원망하지 않는 삶 19
현재의 삶은 모두가 인과응보 19
가까운 사람과의 악연 24
참회하며 녹이자 34

II. 인연따라 복을 지으며 41
연업중생(緣業衆生) 41
인연법을 깨닫고 46
인연법에 따라 복을 닦아라 52

Ⅲ. 구하는 바 없는 불사(佛事) ········· 61
인생은 한바탕 꿈 ········· 61
현실을 직시하라 ········· 66
안분지족(安分知足)의 삶 ········· 75

Ⅳ. 불법 속에서 사는 불자 ········· 85
법이란 무엇인가 ········· 86
인연업과(因緣業果) ········· 86
불법수행은 심법수행 ········· 91
자랑말고 간절히 구하라 ········· 98

제2장 불교의 사대수행법

Ⅰ. 행복과 해탈을 막는 오개장 ········· 111

탐욕개(貪欲蓋) ·· 114
진에개(瞋恚蓋) ·· 118
도거개(掉擧蓋) ·· 122
의법개(疑法蓋) ·· 127
혼수개(惛睡蓋) ·· 130

Ⅱ. 참선과 염불 ·· 137
격외향상(格外向上)의 참선문 ··· 138
염불왕생문(念佛往生門) ··· 146

Ⅲ. 간경과 주력 ·· 159
의교관행(依敎觀行)의 간경 ··· 159
진언종지의 주력문(呪力門) ··· 171

■ 조계종 대원로 동곡당 일타대종사 행장 ························· 181

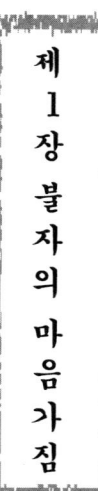

제1장 불자의 마음가짐

I. 원망하지 않는 삶

원망하지 않는 삶

현재의 삶은 모두가 인과응보

오늘은 어제의 연장이요 내일은 오늘의 상속이다.

전생은 금생의 과거요 내생은 금생의 미래이다.

사람들은 어제를 돌아보고 내일을 기약하며 오늘을 살아가고 있다. 그렇지만 전생을 생각하고 내생을 바라보며 금생을 살아가는 이는 흔치 않다.

왜 어제는 돌아볼 줄 알면서 전생은 묵살하고, 내일은 기약하면서도 내생은 잊고 사는 것일까? 그것은 전생과 내생이 보이지 않기 때문이요, 지금 이 순간에 너무 집착하며 살아가고 있기 때문이다.

하지만 빙산의 모습과 같이, 우리의 삶 또한 보이는 것보다는 보이지 않는 것이 더 크기 마련이다. 현재 눈앞에 보이는 것에 대한 애착 때문에, 보이는 것 밑에서 우리를 움직이고 있는 보이지 않는 '그 무엇'을 잊은 채 살고 있을 뿐이다.

그러나 우리가 보지 못한다고 하여 보이지 않는 '그 무엇'이 없어지는 것은 아니다. 그것은 엄연히 존재할 뿐 아니라, 보이는 세계까지 지배하고 있다.

특히 우리가 고난 속에 처하였을 때는 더 문제이다. 보이지 않는 '그 무엇'이 작용하고 있다는 것을 인식만 하여도 보다 편안하고 향상된 길로 나아갈 수 있을 터인데, '그 무엇'을 무시하여 버리는 어리석음 때문에 더 큰 고난 속으로 빠져들고 마는 것이다.

그렇다면 '그 무엇'이란 정녕 무엇인가? 바로 '업(業)'이다. 내가 지어 내가 받는 업이 그것이다. 특히 '악업(惡業)'은 무섭다. 악업은 인정사정이 없다. 내가 지은 악업이 무르익으면 '나'에게 도무지 그 까닭을 알 수 없는 괴로움을 가져다주는 것이다.

선인선과(善因善果)요 악인악과(惡因惡果)이다.

이러한 인과의 법칙을 확실히 믿고서, 지금 겪고 있는 괴로움이 '나'의 지은 바에 대한 과보라 생각하며 마음을 비우고 기꺼이 받아들이는 사람은 능히 업을 녹여 향상의 길로 나아갈 수 있지만, 고난에 처하여 남을 원망하거나 회피만 하는 사람은 더욱 깊은 수렁으로 빠져들고 만다.

그러므로 달마대사(達磨大師)께서는 고난에 처하였을 때 다음과 같이 생각할 것을 간곡히 당부하셨다.

내가 오랜 옛적부터 무수한 생애 동안 근본을 버리고 말초적인 것만 좇아, 생사의 물결 속을 떠다니면서 무수한 원한과 미움을 쌓았으리라. 또한 남의 뜻을 거스르고 피해를 준 일도 무한하리라. 비록 지금은 잘못한 것이 없다고 할지라도, 이것은 숙세에 내가 지은 악업의 열매가 익었을 뿐, 하늘이나 다른 사람이 벌을 주는 것이 아니니, 오직 내가 지은 바를 받는 것이다.

我從往昔　無數劫中　棄本從末
流浪諸有　起多怨憎　違害無限
今雖無犯　是我宿殃　惡業果熟
非天非人　所能見與

달마대사의 이 말씀처럼, 지금 우리가 받고 있는 고통은 숙세에 지은 악업의 열매가 무르익어 나타난 것일 뿐이다. 이것을 확실히 믿는 자는 능히 고난을 넘어설 수 있지만, 반대의 경우에는 원한과 미움을 수레바퀴의 축으로 삼아 끝없이 윤회하게 된다.

❀

중국 양나라 무제(武帝) 때 천태종을 세운 대선지식 천태지자(天台智者) 스님은 어느 날 천태산에서 지관삼매(止觀三昧)에 들어 계셨다. 그때 스님의 앞으로 산돼지 한 마리가 황급히 지나가더니, 뒤이어 활을 든 사냥꾼이 쫓아와서 여쭈었다.

"산돼지 한 마리가 이리로 지나갔는데, 어느 쪽으로 갔는지 아십니까?"

스님은 대답 대신 사냥꾼을 앉게 한 다음 한 수의 노래를 불렀다.

까마귀 날자 배 떨어져 뱀의 머리가 부서졌도다
죽은 뱀은 돼지가 되어 돌을 굴려 꿩을 쳤다네
죽은 꿩이 포수가 되어 다시 돼지를 쏘려 함에
빈승이 인연을 밝혀 맺힌 원한을 풀어주려 하네
  烏飛梨落破蛇頭
  蛇變爲猪轉石雉

雉作獵人欲射猪
道師爲說解寃結

　지자대사는 노래를 부르신 다음, 지관삼매에 들었을 때 관찰한 사냥꾼과 돼지의 삼생인연(三生因緣)을 일러주셨다.

　"엽사(獵師)여, 지금부터 삼생 전에 까마귀 한 마리가 배나무 가지 위에 앉아 놀다가, 무심코 다른 곳으로 날아가 버렸다. 그때 나뭇가지가 흔들리면서 다 익은 배가 하나 떨어져 배나무 아래에서 또아리를 틀고 있던 뱀의 머리를 때렸다.

　이 때문에 죽은 뱀은 다시 멧돼지로 태어나 풀뿌리를 캐 먹으며 살았고, 까마귀는 죽어 꿩이 되었다. 어느 날 꿩은 떨어진 나무열매를 주워먹다가, 멧돼지가 칡뿌리를 먹기 위해 땅을 뒤질 때 건드린 돌이 굴러떨어져 맞아 죽고 말았다.

　엽사여, 그 꿩이 죽어 이번에는 그대가 된 것이다. 그대는 지금 반드시 활로 멧돼지를 잡고야 말겠다고 생각하고 있다. 이번에 그대가 작정을 하고 멧돼지를 쏘아 죽이면, 멧돼지 또한 원한을 품고 죽어 앞날에는 더욱 무서운 과보를 받게 되느니라.

엽사여, 이제 그 활을 던져버려라. 사람의 몸을 받았을 때 악연의 고리를 끊지 않으면 영원히 악연 속에서 떠돌아다니게 되느니라."

지자대사의 말씀을 들은 사냥꾼은 깨달은 바가 있어 그 자리에서 활을 모두 꺾어버리고, 지자대사의 제자가 되어 도를 닦았다.

'까마귀 날자 배 떨어진다[烏飛梨落].'는 속담을 통하여 널리 알려진 이 이야기는, 우리에게 '사람의 몸을 받았을 때 잘못된 인과관계를 풀어야 한다'는 것을 깊이 깨우쳐 주고 있다.

육도 윤회의 세계 중 지옥·아귀·축생의 몸을 받았을 때는 지은 업에 대한 과보를 받기만 할 뿐이다. 스스로 업의 고리를 푼다는 것은 있을 수가 없다. 사람의 몸, 사람의 몸을 받았을 때만 스스로의 의지로 맺힌 업을 풀어, 더 높은 곳을 향해 나아갈 수 있는 것이다.

가까운 사람과의 악연

정녕 우리는 지금 받는 고통과 재앙들이 스스로 지은 악업의 열매가 무르익어 찾아온 것임을 알고 업을 녹이는 자세로 살아가야 한다. 특히 부모·형제·자식 등 떨쳐버릴래야 떨쳐버릴 수 없고 벗어날래야 벗어날 수 없는, 가까운 사람과의 좋지 못한 인연 속에 처하였을 때는, 더욱 넓게 마음을 열어 맺힌 업을 풀어야 한다.

실로 우리들 주변에서도 가장 밀접하고 매우 좋은 사이로 있다가 어느 날 갑자기 상대방의 가슴에 못을 박고 사라지는 경우를 접할 수가 있다. 이러한 경우에 처하였을 때 과연 어떻게 극복해야 할 것인가? 먼저 두 편의 이야기부터 음미해 보도록 하자.

가끔씩 나를 찾아오는 신도 남진여심(南眞如心)은 '동창이 밝았느냐 노고지리 우지진다'라는 시조를 지은 남구만(南九萬, 1629~1711) 대감의 후손으로, 매우 큰 대갓집에서 태어나 유복하게 자랐다.

그런데 시집을 가기 직전인 어느 날 부엌에 들어갔다가, 부엌 대들보 위에서 팔뚝보다 굵고 길이가 두 길이나 되는 능구렁이가 바닥으로 떨어지는 것을 보았다.

"악!"

너무나 놀란 그녀는 순간적으로 날카로운 비명을 질렀다. 비명을 듣고 마당에서 일하던 머슴들이 쫓아와서 보니, 아씨는 두 손으로 얼굴을 가리고 있고, 구렁이는 높은 곳에서 떨어져 정신이 없어서인지 멀뚱하게 움직이지 않다가, 사람들이 온 것을 알고 장작더미 속으로 반쯤 들어가기 시작하였다. 머슴들은 장작더미 속으로 반쯤 들어간 구렁이를 쇠고랑으로 찍어 죽인 다음, 냇가로 가서 불에 구워 막걸리 한 말과 함께 걸판지게 먹어치웠다.

그 뒤 얼마 지나지 않아 남진여심은 시집을 갔고, 부엌에서 본 것과 똑같은 능구렁이가 노적가리 앞에서 또아리를 틀고 있는 태몽을 꾸고 외동아들을 낳았다.

아들은 건강하게 자랐을 뿐 아니라 어찌나 점잖은지 생전 웃는 일도 떠드는 일도 없었다. 누가 웃기는 말을 해도 '피식' 하고 말 뿐, 껄껄거리는 일조차 없었다.

어느덧 아들은 서울대학교 의과대학에서 인턴·레지던트 과정을 거쳐 병원을 개업할 준비를 하게 되었고, 그의 약혼녀 또한 약대를 졸업하여 새로 개업할 병원 옆에 약국을 차릴 작정을 하고 있었다. 또한 진여심의 남편은 명예로운 대법관까지 지냈고, 이화여대를 나온 두 딸은 좋은 남편을 만나 잘 살고 있었다. 그야말로 집안 전체의 분위기는 행복 그 자체였다.

그렇게 좋은 시절을 보내던 어느 날, 아들은 동생들과 대화를 나누다가 무엇이 맞지 않았는지 시집간 동생의 뺨을 사정없이 후려치는 것이었다. 옆에서 보고 있던 진여심은 버럭 소리를 쳤다.

"이놈의 자식이 미쳤나? 네 동생이 무엇을 잘못했다고 때리느냐?"

진여심이 남편의 지팡이로 아들의 등을 한 차례 때리자, 아들은 지팡이를 빼앗으며 살기등등한 눈으로 어머니를 노려 보았다.

"이놈아, 이 에미가 때렸다. 그래, 어쩔거냐? 이놈이 정말 미쳤구나."

진여심이 다시 소리를 지르자 아들은 지팡이를 꽉 부러뜨려버리는 것이었다. 그때 마침 친구로부터 전화가 걸려오자 아들은 휑하니 집을 나가버렸다.

아들과 친구들은 삼각산 골짜기로 개 한 마리를 끌고 가서 잡은 다음, 그 개고기를 안주 삼아 술을 실컷 먹으며 놀았다. 그리고 세검정의 시원찮은 여인숙에 들어갔다. 모두가 한 방에서 자자고 하였으나 진여심의 아들만은 한사코 고집을 부려 독방을 사용하였다.

아침이 되어 먼저 일어난 친구들은 남진여심의 아들을 깨웠다. 그러나 아무리 불러도 그 방에서는 인기척이 들리지 않았다. 문을 부수고 들어가 보니 연탄 과열로 비닐장판과 함께 살이 타 버려, 몸을 바싹 오그라뜨린 채 죽어 있었던 것이다.

 남진여심은 가슴이 찢어지는 고통 속에 빠져들었다. 거기에다 남편은 '당신 때문에 그 순하던 아이가 죽었다.'고 원망하면서, 큰딸이 사는 미국으로 떠나가버렸다.

 진여심은 나날을 울음으로 지새우며 지내다가, 얼마 후 나를 찾아와 애절한 사연을 들려주었다. 나는 수많은 인과응보의 사례를 들려주면서 그녀의 마음을 다소나마 편안하게 만들어 주고자 하였고, 그녀는 참회기도를 통해 다시 마음의 평안을 얻을 수 있었다.

❀

 조선시대 말, 전라도 완주 땅에 살았던 한 여인은 평소에 열심히 불교를 믿고 〈관세음보살모다라니〉를 외웠다. 하지만 그녀는 태어난 자식이 두 살만 되면 죽어버리는 고통을 세 번씩이나 겪어야만 했다.

 처음과 두 번째 자식을 잃었을 때는 스스로 '죄 많은 여인'이라 자책하면서 관세음보살님께 더욱 매달렸는데, 세 번째 자식마저 죽었을 때는 관세음보살이 오히려 야속하고 원망스럽기까지 하였다.

 그녀는 실성한 여인처럼 날마다 대문 앞에 쭈그리고 앉아 웃기도 하고 울기도 하였다. 그리고 무심한 관세음보살을 탓하다가 자신도 모르게 〈관세음보살모다라니〉를 주절주절 외우는데, 어디에서 나타났는지 한 노승이 어깨를 툭 치며 말을 거는 것이었다.

"젊은 보살, 너무 슬퍼하지 마시오."

"스님, 자식을 셋이나 잃은 저입니다. 슬퍼하지 말라니요? 스님이라면 저와 같은 경우를 당하였을 때 평온하게 지낼 수 있겠습니까?"

여인이 화를 내며 반문하자, 노스님은 차분한 음성으로 설명하였다.

"젊은 보살, 당신 몸에서 태어났다가 죽은 세 아이는 바로 당신의 원수요."

"원수라니요? 나의 자식이 나의 원수라니요? 도대체 어떻게 된 원수입니까?"

"지금부터 삼생(三生) 전의 일입니다. 당신이 어느 양반집 본부인으로 있을 때, 새로 들어온 소실을 질투하여 독살한 일이 있었습니다. 그 뒤 당신은 부처님을 믿으며 참회하였지만, 독약을 먹고 억울하게 죽은 소실은 귀신이 되어 가장 충격적인 방법으로 복수를 할 때만을 기다리고 있었습니다. 마침내 당신이 이생에서 결혼을 하자 그 원귀(怨鬼)는 당신의 자궁 속으로 들어갔습니다. 임신한 당신의 몸을 극도로 괴롭히다가 끝내는 태어나기 직전에 죽어 산모인 당신을 죽여버리려는 계책이었습니다."

"아, 그런데 스님. 제가 어떻게 지금까지 죽지 않고 이렇게 살아 있습니까?"

"그것은 젊은 보살이 관세음보살을 성심으로 믿고 있었기 때문입니다. 관세음보살의 위신력 때문에 원귀는 당신의 뱃속에서 죽지 못하고 세상에 태어나곤 하였던 것이지요."

"그렇다면 왜 아이들이 꼭 두 살이 되어 죽는 것이었을까요?"

"두 살 난 아기는 재롱이 한창이요, 눈에 넣어도 아프지 않을 만큼 사랑스럽습니다. 바로 그러한 때에 죽으면 어머니의 마음이 어떻겠습니까?"

"스님, 제 몸에서 태어난 그 아이들이 비록 원한을 갚기 위해 왔다고는 하지만, 저의 뚫려버린 가슴은 어떻게 할 수가 없습니다."

여인이 다시 흐느끼기 시작하자 스님은 단호하게 말씀하셨다.

"젊은 보살이 울고불고 하는 그 자체가 원수의 보복을 받고 있다는 것을 모르겠소? 당신이 자신의 신세를 한탄하며 울고 있는 이 순간에 원수는 춤을 추고 있다는 것을 아시오."

이 말씀 끝에 여인은 정신을 가다듬어 합장하고 참회하였다.

"나 때문에 억울하게 죽어 방황하는 영가시여. 부디 모든 것을 용서하시고 편안히 극락왕생하소서. 나무관세음보살……."

여인이 눈물을 흘리며 깊이 깊이 참회하자, 노스님은 지팡이를 들어 한 곳을 가리켰다. 그곳에는 머리를 풀어헤치고 소복을 한 여인이 서 있었다. 그 여인은 말하였다.

"너는 삼생 전에 나를 독살한 원수이다. 그 동안 나는 복수할 기회를 호시탐탐 노렸지만, 네가 관세음보살을 깊이 신봉하고 모다라니를 매일 외웠기 때문에 밤낮없이 선신(善神)들이 옹호하고 있어 뜻을 이룰 수가 없었다. 이제 그대가 진심으로 참회하고 관세음보살께서 노스님의 몸을 나타내어 너를 깨우쳐 주시니, 이제 지난 원결을 모두 풀고 떠나가노라. 앞으로는 더 이상 괴롭히지 않겠다."

말을 끝낸 원귀는 차츰 멀어져 갔고, 옆에 서 있는 노스님도 홀연히 사라져버렸다. 이렇게 관세음보살의 가피를 입어 원결을 푼 여인은 더욱 지극히 부처님과 관세음보살을 신봉하였으며, 그 뒤 효성스런 아들 둘을 낳고 한

평생 병고없이 잘 살았다고 한다.

　이 두 편의 이야기에서처럼, 전생의 원수가 금생의 자식이 되어 부모 가슴에 못을 박고 사라지는 경우도 있고, 전생의 원수가 금생의 남편이나 아내가 되어 지겹도록 애태우고 괴롭히고 고생을 시키는 경우도 있다. 오히려 지극한 악연은 지극히 가까운 곳에 도사리고 있는 경우가 많다.

　그렇다고 하여 피할 일이 아니다. 멀리하고 무시한다고 하여 해결될 일도 아니다. 업보는 피하고 멀리하고 무시할수록 더욱 깊이 파고들기 때문이다. 만약 지금의 우리가 그와같은 관계, 그와같은 상황에 처해 있다면 누구도 원망하지 말고 지금의 괴로움을 달게 받겠다는 자세로 살아야 한다.

　고요한 마음으로 스스로를 돌이켜 보라. 우리는 지금 어떻게 살고 있는가? 잘 살고 있는가? 사랑하는 '나'와 나의 가족을 잘 살리며 살고 있는가? 나의 직장, 나의 고장, 나의 조국을 살리며 살고 있는가?

　그렇지 않다고 답하는 사람도 많을 것이다. 나아가 '사랑'이라는 이름을 앞세워 끝없이 요구하고 서로를 구속하고 시기하고 질투하고 서로를 나무라고 원망하는 관계를 맺는 경우도 많을 것이다.

"내 속에서 나온 놈이 어찌 저다지도 애를 태울까?"
"어쩌다가 저런 남편을 만나 이 고생인지……."

그러나 결코 원망하고 한탄할 일이 아니다.

이제 우리는 인과법을 철저히 믿고 다시 깨어나야 한다. 다시 깨어나 가까운 인연들부터 살려야 한다. 향상의 길로 나아갈 수 있도록 살려야 한다.

우리들 눈앞에 펼쳐져 있는 현상들은 모두가 인과응보일 뿐이다. 이 인과의 법칙을 모르면 현상을 극복할 수가 없다. 인과법을 잊고 살면 맺힌 인연의 매듭을 풀 수가 없다.

눈앞에 펼쳐진 현상을 극복하지 못하고 맺힌 매듭을 풀지 못하면 불행은 끝이 없다. 인과응보라는 사실을 잊은 채 원망하고 토라지고 한을 품으면 악연은 더욱 깊어질 뿐이다.

원인을 뚜렷이 알 수 없는 현재의 괴로움, 현재의 불행은 모두가 지난 세상에 내가 지은 악업의 과보라고 생각하며 살아야 한다. 이렇게 생각하며 살 때 우리의 삶은 달라지고 지난 빚은 차츰 줄어들어, 갈수록 자유롭고 행복해질 수 있는 것이다.

참회하며 녹이자

또 한 가지, 지난 업장을 녹이는 적극적인 방법은 참회(懺悔)이다.

참회! 그것은 모든 업을 녹이고 모든 매듭을 푸는 가장 좋은 방법이다. 참회는 결코 어렵거나 복잡한 것이 아니다.

"잘못했습니다. 기꺼이 받겠습니다."

"제가 알든 모르든, 지난 세상에서 제가 지은 죄를 모두 참회합니다."

이렇게 회피하지 않고 지극한 마음으로 참회하여 저절로 눈물이 쑥 빠지고 내 마음 속에 있던 것이 확 풀리는 듯하면 참회는 이루어진다. 또한 평소의 꾸준한 기도나 수행은 전혀 기억하지 못하는 악업을 풀고 참회를 이루는 데 큰 도움이 된다. 이와 관련된 옛이야기 한 편을 음미해 보도록 하자.

중국 양나라 때 양주땅에서 살았던 정백린(程伯鱗)은 평소 관세음보살을 정성껏 모셨다. 어느 해 여름, 전쟁이 일어나 적병이 양주 땅으로 쳐들어오게 되자, 정백린은 집안에 모신 관세음보살상 앞에 나아가 가족의 안전을 기원하였다. 그날 밤 관세음보살은 정백린의 꿈에 나타나 말씀하였다.

"그대의 가족 17명 중 16명은 무사히 피난할 수 있지만, 한 사람만은 안 된다."

"그 한 사람이 누구입니까?"

"바로 그대이니라."

"어찌하여 그러합니까?"

"그대는 과거 전생에 어떤 사람을 칼로 26번 베어 죽인 일이 있었다. 그 사람이 지금 왕마자(王麻子)라는 이름의 대장군이 되어 양주 땅으로 쳐들어오고 있다. 이제 그대는 전생의 과보로 왕마자의 칼에 죽임을 당할 것이다. 그대는 홀로 집안에 남아 피난가는 가족들이라도 온전히 살 수 있도록 함이 좋으리라."

정백린은 그 꿈이 너무나도 생생하여 가족을 모두 피난시킨 다음, 집안에 홀로 남아 '관세음보살'을 부지런히 외웠다. 5일이 지나자 손에 칼을 뽑아든 장군 한 사람이 대문을 박차고 집안으로 들어섰고, 정백린은 담담한 마음으로 맞이하였다.

"어서 오십시오. 왕마자 장군."

순간 왕마자는 어리둥절해 하였다.

"어떻게 나의 이름을 알고 있소?"

정백린은 관세음보살께서 현몽한 이야기를 들려준 다음, 왕마자 앞에 무릎을 꿇고 말하였다.

"내가 전생에 당신을 죽였으니, 오늘 내가 당신 손에 죽는 것은 너무나 당연합니다. 기꺼이 죽겠습니다. 다만 한 가지, 우리의 원결은 오늘 이 자리에서 모두 풀어버리고, 다시는 서로 원수가 되지 맙시다."

그 말을 들은 왕마자는 가슴 뭉클함을 느끼고 약속하였다.

"좋소이다. 오늘로써 전생의 원한을 모두 풀고 앞으로는 세세생생 다정한 벗이 됩시다."

왕마자는 칼등으로 정백린의 몸을 26차례 가볍게 내리친 다음 부하들을 이끌고 떠나가버렸다.

이 이야기의 주인공 정백린은 다가오는 업보를 피하지 않았다. 무섭기 그지없는 죽음의 그림자를 기도를 하면서 맞이하였다. 그리고 상대가 찾아왔을 때는 잘못을 참회한 다음, 다시는 나쁜 관계가 되지 말자고 다짐하였다.

우리도 이와같은 자세를 배워야 한다. 정백린의 자세를 마음에 새겨 다가오는 악업을 녹여야 한다.

그리고 평소 경전을 공부하거나 염불을 하거나 절을 하거나 주력(呪力)을 하거나, 어떤 수행을 하든 끝에는 축원과 회향을 하여야 하고, 축원과 회향에 앞서 언제나 참회부터 하여야 한다.

"부처님 잘못했습니다."

"알고 지었든 모르고 지었든, 지난 세상에 제가 지은 모든 죄를 참회하옵니다."

기도를 통하여 마음을 모으고 참회를 통하여 업장을 소멸시키다 보면, 차츰 마음이 넓어져서 괴로움을 당하여도 걱정을 하지 않게 된다. 그리고 스스로의 마음속에 있던 원망스러운 감정과 미워하는 생각들이 점차로 옅어지면서, 진리와 저절로 맞아들어가는 생활을 할 수 있게 되는 것이다.

이렇게 되면 악업의 과보를 받고 받지 않고는 문제가 되지 않는다. 악업은 저절로 풀리면서 새로운 선업을 이루고, 악연은 좋은 인연으로 바뀌게 된다.

무엇보다 중요한 것은 '지금 이 자리'에서의 참회이다.

'지금 이 자리'에서, 우리는 과거에 맺힌 업을 푸는 것과 동시에 새로운 업을 만들게 된다. 바로 이 순간에 맺힌 업을 풀고 푼 업을 더욱 원만하게 회향(廻向)할 수도 있고, 반대로 새로운 악업을 맺어 더 나쁜 상태로 만들어 버릴 수도 있다.

맺느냐? 푸느냐? 이는 오직 지금 이 자리에서 내가 어떻게 하느냐에 달려 있다. 눈앞의 이익만을 생각하고 모든 것을 상대적인 감정과 자존심으로 해결하려 하면 매듭만 늘어갈 뿐이다.

'나'를 비우고 무조건 참회하라. 진정으로 참회하고 기꺼이 받고자 할 때 모든 것은 풀린다. 또한 매사에 한 생각을 바르게 가져 맺힌 것을 풀어나가고, 푼 것을 더욱 좋은 인연으로 가꾸어야 한다.

참된 삶, 복된 삶, 자유로운 삶! 그것은 진정으로 참회하고 기꺼이 받고자 하는 마음이 결정한다는 사실을 잊어서는 안 된다. 이렇게 인과를 믿고 내가 지은 업을 적극적으로 수용할 때, 남과 나 사이에 맺힌 인연의 매듭은 저절로 풀어지고 행복과 자유와 평화가 충만된 삶이 찾아드는 것이다.

부디 '보이지 않는 업'이라며 이 순간을 함부로 하지 말고, 어떠한 업도 기꺼이 받겠다는 자세로 임하여 멋진 삶을 개척하기 바란다.

II. 인연따라 복을 지으며

인연따라 복을 지으며

연업중생(緣業衆生)

우리들 삶의 전과정을 한마디로 요약하면 '연업(緣業)'이라 할 수 있다. 지금 내가 받고 있고 누리고 있는 모든 것이 '인연과 업'으로 만들어졌다는 말이다.

이 나라에 태어난 것도 인연이요 업이며, 현재와 같은 부모를 만나고 부부가 되고 자식을 두는 것도 인연이요 업이며, 괴로움을 받는 것도 즐거움을 누리는 것도 모두가 인연과 업의 결과인 것이다.

지금 영화를 누리거나 고통을 받는 것 모두는, 과거에 심어 놓았던 씨[因]가 바로 이 시간 전까지의 여러 가지 주변 조건[緣]과 노력[業]에 의해 맺어진 결실[果]일 뿐이다. 단순히 금생의 일만으로 그렇게 되는 것은 아니다. 눈에 보이고 능히 기억할 수 있는 금생보다는, 감지할 수도 기억할 수도 없는 전생의 인연과 업이 오히려 더 크게 작용하고 있다.

금생에 특별히 불교공부를 많이 하지 않았는데도 훌륭히 법사노릇을 하는 사람은 과거생에 불교공부를 많이 하였기 때문이요, 부잣집에 태어나 평생을 편안하고 풍족하게 사는 사람은 과거생에 복을 많이 지었기 때문이다.

또 과거생에 장원급제를 하겠다고 원을 세운 사람은 사법고시나 대학시험 등에서 수석합격을 하여 이름을 떨치게 되고, '꼭 한번 부자가 되어 보리라'고 원을 세운 사람은 재벌노릇을 하는 경우가 많다.

그러나 이러한 원[因]을 세우기만 하고 충분히 복[緣業]을 쌓지 않는 사람의 경우에는 일시적인 재벌로 그치거나 잠깐 수석합격의 기쁨을 누리는 것으로 끝을 맺고 만다.

뿐만이 아니다. 최고의 권력을 누리다가 권좌에서 물러난 후 비난을 받으며 불명예 속에 살아가는 사람, 처음에는 죽도록 사랑하던 연인이나 부부가 나중에는 말할 수 없는 상처를 서로에게 남기고 갈라서는 경우도 많다.

왜 이렇게 되는가? 모두가 인·연·업·과(因緣業果), 곧 인연의 법칙을 따라 움직이기 때문이다.

❀

조선 중기 한양에 허정승이라는 분이 살고 있었고, 그에게는 천하일색인 애첩 박씨가 있었다. 애첩은 허정승에게 갖은 봉사를 다하였고, 허정승도 애첩 박씨를 무척이나 사랑하여 잠시도 떨어져 있기를 싫어하였다.

어느 해 봄, 나라에서 정승 판서들만이 모이는 어전회의(御前會議)가 열려 며칠 동안 집을 비웠다가 돌아와 보니, 그토록 사랑했던 애첩 박씨가 사라지고 없었다. 하인들을 불러 간 곳을 물었더니, 그들은 너무나 뜻밖의 말을 하는 것이었다.

"그저께 웬 숯장사가 숯을 팔러 왔었는데, 둘이서 뭐라고 몇 마디 주고받더니 집을 나가 돌아오지 않고 있습니다."

허정승은 어이가 없었지만, 애첩을 잊을 수 없어 백방으로 수소문을 하였다. 그러나 애첩의 행방을 아는 이가 없었다.

허정승의 머리에는 오직 도망간 애첩 생각밖에 없었다. 벼슬도 정승도 다 그만두고라도 애첩을 찾아야 한다는 일념뿐이었다.

　마침내 허정승은 조정에 들어가 사직서를 내고 애첩을 찾아 집을 나섰다. 몇 년에 걸쳐 조선팔도 방방곡곡을 찾아 헤매었지만 애첩의 행방은 묘연하기만 하였다.

　어느덧 그는 오대산 깊은 산골에 이르게 되었고, 바위에 걸터 앉아 아픈 다리를 쉬며 한숨을 내쉬고 있는데, 길 저쪽에서 웬 여자가 머리에 무엇을 이고 지나가는 것이었다. 그가 그토록 찾아 헤매었던 애첩, 바로 그 애첩이었다.

　그는 너무나 기뻐 애첩에게로 달려갔지만, 애첩은 조금도 반가워하는 기색이 없었다.

　"당신이 떠난 후 정승 자리까지 마다하고 팔도강산 구석구석을 찾아다니지 않은 곳이 없었소. 이날 이때까지 당신만을 생각하며 살았다오. 과거지사는 따지지 않을테니 다시 한양으로 돌아갑시다."

　그러나 애첩은 싫다고 하였다.

　"그 숯 굽는 이가 나보다 더 좋소?"

　"좋습니다."

　"나보다 무엇이 더 좋다는 말이오?"

　"하여간 저는 그이가 좋습니다."

　"진정 돌아가지 않겠소?"

"절대로 안 갑니다."

절대로 안 간다는 말을 남기고 여인은 뒤도 돌아보지 않고 총총걸음으로 사라져갔다. 허정승은 너무나 허무하여 오대산 상원사에서 중이 되었다. 그리고 몇 달을 참선하며 그토록 사랑했던 애첩이 떠나간 까닭을 생각하였다.

"왜 그녀가 나를 떠나갔을까? 왜 그녀는 나에 대해 그토록 냉정해진 것일까? 왜? 도대체 왜?"

하루는 이 생각을 하며 길을 걷다가 돌부리에 걸려 넘어지면서 머리를 다쳤다. 아픈 줄도 모르고 애첩이 떠나간 까닭을 생각하다가 정신을 차리고 보니, 상처는 이미 아물었고 잔디밭에는 피가 엉겨 있었다. 그 순간, 그토록 궁금해했던 자기와 애첩과의 과거 인연이 확연히 나타나는 것이었다.

허정승의 전생은 참선하던 승려였다. 어느 날 그의 몸에 이 한 마리가 붙었다. 그는 몸이 가려웠지만 철저한 수행승답게 피를 제공할 뿐 이를 잡지 않았다.

그러던 어느 날, 공양을 받기 위해 신도 집에 초대되어 갔는데, 그날따라 이가 유난히 스님의 몸을 가렵게 만들었다. 스님은 몰래 그 이를 잡아 마루 옆에 있는 복실개의 몸에 놓았고, 그 이는 복실개의 몸에 붙어서 피를 빨아 먹고 살다가 죽었다.

그 인연이 금생에 와서 허정승과 애첩과 숯장사의 일로 전개되었던 것이다. 이는 애첩이 되어, 전생의 수행한 공덕으로 높은 벼슬을 한 허정승에게 찾아와 수 년간을 지극히 모셨고, 인연이 다하자 복실개의 후신인 숯장사를 따라가서 살게 되었던 것이며, 자신은 전생의 살아온 버릇대로 출가승이 되었던 것이다.

세상의 모든 일은 우연히 이루어지는 것이 하나도 없다. 좋은 일이거나 궂은 일이거나 내가 짓고 내가 받는 것이다. 이것을 모르기 때문에 인간은 스스로의 회의에 빠져들고 괴로워한다.

'왜 나는 이래야만 하는가?'

하지만 '나' 또는 '나'의 주위에서 일어나는 기쁘고 슬픈 일들 모두가 '나'로 말미암아[因] 생겨난 일이고, 내가 관련되어[緣] 일어난 일들이니 어찌하랴. 그러므로 인연법에 비추어 일어나는 모든 일들을 잘 대치하여야 평안과 행복을 누릴 수 있다.

인연법을 깨닫고

일찍이 부처님께서는 '인연소기(因緣所起)'라고 하셨다.

모든 것은 인(因)과 연(緣)이 합하여져서 생겨나고, 인과 연이 흩어지면 사라진다고 말씀하셨다. 또 부처님께서는 인연법을 달리 '의타기(依他起)'라고 표현하셨다. '나' 혼자만의 힘으로 이룩되는 것이 아니라, '다른 것과 서로 의지하여 일어난다'는 것이다.

그런데 '다른 것'을 무시하고 '나의 것'만을 추구해 보라. '남'을 무시하고 '나'만 홀로 우뚝 서려고 해 보라. 나만 행복하면 남은 불행해져도 좋다는 생각으로 살아 보라. '나'는 결코 행복해질 수 없고 높이 올라설 수도 없다. 오히려 남이 나를 받쳐주지 않기 때문에 항상 밑바닥에서 살 수밖에 없고 고독과 불행만을 되씹을 수밖에 없다.

우리는 명심하여야 한다. 나에게 다가오는 모든 인연의 주체는 바로 '나'라는 것을!

내가 '나'의 이익과 '나'의 사랑에 빠져 남을 무시하고 해치고 손해를 주면 악연을 만들게 되고, 내가 '나'와 남을 함께 생각하고 서로를 살리는 행동을 이루어내면 좋은 인연을 맺을 수가 있다. '나'를 어떻게 다스리냐에 따라 다가오는 인연도 다른 모습을 띠게 된다. 선연이냐? 악연이냐? 이것은 오직 '나' 하기에 달려 있는 것이다.

가만히 주위를 둘러보라. 눈길을 옮기고 귀를 기울이는 모든 것에서 우리는 수많은 인연들을 만나게 된다. 선연도 만나고 악연도 만난다. 하지만 그 많고 많은 인연들 중에는 절대적인 선연도 절대적인 악연도 없다. 절대적인 불행도 절대적인 행복도 없다. 왜냐하면 인(因)과 연(緣)이 잠시 합하여 모습을 나타내었기 때문이다.

❀

　석가모니불의 화신으로 추앙받았던 조선시대 중기의 고승 진묵대사(震默大師, 1562~1633)는 많은 이적을 남기신 대도인이었다. 스님에게는 누이동생이 하나 있었고, 누이동생이 낳은 외동아들은 찢어지도록 가난하게 살고 있었다. 이 조카가 가난을 면하기 위해서는 복을 쌓아야 한다고 생각하신 스님은 7월 칠석날 조카 내외를 찾아가 단단히 일러주었다.
　"얘들아, 오늘 밤 자정까지 일곱 개의 밥상을 차리도록 해라. 내 특별히 칠성님들을 모셔다가 복을 지을 수 있도록 해 주마."
　진묵스님이 신통력을 지닌 대도인임을 아는 조카는 '삼촌이 잘 살게 해주리라' 확신하고 열심히 손님맞이할 준비를 하기 시작했다. 집안을 깨끗이 청소하고 맛있는 음식을 푸짐하게 장만하여 마당에다 자리를 펴고 일곱 개의 밥상을 차렸다.

밤 12시 정각이 되자 진묵스님이 일곱 분의 손님을 데리고 집안으로 들어오는데, 하나같이 거룩한 모습의 칠성님은 아니었다. 한 분은 째보요 한 분은 곰보, 또 다른 분은 절름발이요 곰배팔이요 장님이요 귀머거리들이었다. 거기에다 하나같이 눈가에는 눈곱이 잔뜩 붙어있고 콧물이 줄줄 흐르고 있는 것이었다.

'삼촌도 참, 어디서 저런 거지 영감들만 데리고 왔노? 쳇, 덕을 보기는 다 틀려버렸네.'

조카내외는 기분이 크게 상하여 손님들에게 인사도 하지 않고 부엌으로 들어가, 솥뚜껑을 쾅쾅 여닫고 바가지를 서로 부딪히고 깨면서 소란을 피웠다. 이에 진묵스님의 권유로 밥상 앞에 앉았던 칠성님들은 하나, 둘 차례로 일어나 떠나가기 시작했다. 마침내 마지막 칠성님까지 일어서려 하는데 진묵스님이 다가가 붙잡고 사정을 했다.

"철없고 박복한 조카가 아니라, 나를 봐서 한 순갈이라도 드십시오."

일곱번째 칠성은 진묵스님의 체면을 보아 밥 한술을 뜨고 국 한 순갈을 먹고 반찬 한 젓가락을 집어 드신 다음 떠나갔고, 진묵스님은 조카를 불러 호통을 쳤다.

"에잇, 이 시원치 않은 놈! 어찌 너는 하는 짓마다 그 모양이냐? 내가 너희를 위해 칠성님들을 청하였는데, 손님들 앞에서 그런 패악을 부려 다 그냥 가시도록 만들어? 도무지 복 지을 인연조차 없다니…….”

그리고는 돌아서서 집을 나오다가 한 마디를 더 던졌다.

"그래도 마지막 목성대군이 세 숟갈을 잡수셨기 때문에 앞으로 3년은 잘 살 수 있을게다.”

이튿날 조카는 장에 나갔다가 돼지 한 마리를 헐값에 사 왔는데, 이 돼지가 며칠 지나지 않아 새끼를 열두 마리나 낳았고, 몇 달이 지나자 집안에는 돼지가 가득하게 되었다. 또 돼지들을 팔아 암소를 샀는데, 그 소가 송아지 두 마리를 한꺼번에 낳았다.

이렇게 하여 진묵스님의 조카는 3년 동안 아주 부유하게 살았다. 그런데 만 3년째 되는 날 돼지우리에서 불이 나더니, 불이 소 외양간으로 옮겨붙고 다시 안채로 옮겨붙어, 모든 재산이 사라지고 말았다. 3년의 복이 다하자 다시 박복하기 그지없는 거지 신세로 전락한 것이다.

다소는 전설처럼 들릴 수도 있는 이 이야기를 통하여, 우리는 몇 가지 교훈을 새겨볼 수 있다.

첫째는 복을 구하는 사람의 태도이다. 복은 특별한 권능자가 내리는 것이 아니다. 부처님도 하나님도 그 어떠한 신도 무조건 복을 줄 수가 없다. 이 복은 내가 짓고 내가 받는 것이다. 복을 담을 수 있는 마음가짐이 갖추어져 있고, 또 정성을 다하면 저절로 다가오게 되어 있는 것이다.

하지만 칠성님이 오신다기에 열심히 음식을 준비했던 진묵스님 조카의 마음은 성심(誠心)이 아니라 '기대 심리'였고, 상대가 거룩하지 않게 보이자 기대심리가 와르르 무너지면서 기분마저 상해 칠성들을 쫓는 박복한 짓을 저지르고 말았다.

이러한 짓은 진묵스님 조카만 저지르는 것이 아니다. 우리들 중에서도 이렇게 처신하는 사람들이 많다. 어찌 눈앞의 이익에 현혹되고 기분따라 움직이는 자가 큰 복을 담을 수 있으랴.

또 한 가지, 모든 복에는 정해진 수명이 있다. 복이 다하면 기울기 마련인 것이다. 이를 부처님께서는 '하늘로 쏘아올린 화살'에 비유하셨다. 하늘로 쏘아올린 화살이 올라가고 있을 때는 기세도 좋고 보기도 좋지만, 그 힘이 다하면 반드시 떨어지게 되어 있는 것이다. 이것을 잘 알아서 우리도 올라가고 있을 때 인연을 소중히 하고 복을 닦아야 한다.

요즈음 우리는 부자로 지내던 사람이 일순간에 파산하

는 경우를 많이 접하게 된다. 실로 안타까운 사연도 많지만, 인연법에서 보면 부자로 살 연이 다하여 그렇게 되는 것이다. 재물뿐만이 아니다. 명예도 권력도 수명도 인연이 다하면 하루 아침에 사라지게 된다.

지금 이 나라에 찾아왔던 IMF사태도 마찬가지이다. 모두가 인과응보이다. 사치·낭비·거품·정직하지 못한 삶……. 참으로 인연법을 잊은 채 살았기 때문에 도래한 결과인 것이다.

그러므로 우리는 다시금 마음을 다잡아야 한다. 인연법으로 마음을 다잡아야 한다.

모든 것은 인연이다. 인연이기 때문에 끊임없이 변화할 수 있고, 인연이기 때문에 달라질 수 있다. 인연이기 때문에 또다시 바뀔 수가 있는 것이다.

인연법에 따라 복을 닦아라

그럼 현실을 보다 좋은 쪽으로 바꾸기 위해서는 어떻게 해야 하는가? 인연을 가꾸어야 한다.

지금 우리들에게 주어진 여러가지 환경, 곧 연(緣)이 어려운 상황에 놓여 있을지라도, 우리의 마음가짐과 자세, 곧 굳건한 인(因)으로 열심히 노력하면[業] 또다시 좋은 결실[果]을 거둘 수 있는 것이다.

좋은 현실 속에서도 교만하지 않고 나쁜 현실 속에서도 좌절하지 않는 사람. 그 사람이야말로 인연법을 따르는 참다운 불자이다. 누구든지 세상을 살다 보면 좋은 바람을 만날 때도 있고 나쁜 바람을 만날 때도 있다. 기쁨의 바람에 감싸일 때도 있고 슬픔의 바람이 불어닥칠 때도 있다.

하지만 어떠한 바람이 휘몰아쳐 올지라도 흔들리지 않아야 한다. 모든 것을 인연에 맡길 뿐, 바람따라 흔들려서는 안 된다. 괴로움과 즐거움, 얻고 잃는 모든 것을 인연으로 받아들이고 흔들림없이 살면 크게 향상한다.

흔들림없이 인연에 순응하며 복을 닦아라. 복을 닦는 자에게만 복이 깃든다. 그럼 어디에다 복의 씨를 심을 것인가? 복전(福田)에다 복을 심으면 된다.

우리들 모두는 복전(福田)을 가지고 있다. 밭에다 씨앗을 심으면 온갖 작물이 자라듯, 마음의 밭에 선행의 씨를 심으면 복이 풍성해진다.

세상의 복에는 여러가지가 있다. 글을 잘하는 사람은 문복(文福)이 있다 하고, 돈이 많은 사람은 재복(財福), 장가를 잘 간 사람은 처복(妻福)이 있다고 한다. 이밖에도 온갖 종류의 복들이 우리들 주위에 가득히 널려 있다. 자식복, 관복, 오래 사는 복, 심지어는 이빨이 좋은 치복(齒福)까지 있다. 이 모두가 우리가 갖고 있는 복전에다 바른 생각의 씨를 심고 바른 말과 바른 행동으로 복업(福業)을 지은 결실들이다.

그리고 많고 많은 복밭 중 특별히 부처님께서 가꿀 것을 권장한 '팔복전(八福田)'이 있다.
① 물이 없는 곳에 샘을 파서 사람들에게 물을 공급하라.
② 물이 깊은 곳에 다리를 놓아 사람들이 쉽게 건너갈 수 있도록 하라.
③ 험한 길을 잘 닦아 사람들이 오가는데 불편이 없도록 하라.
④ 부모에게 효도하고 잘 봉양하라.
⑤ 불·법·승 삼보를 공경하고 공양하라.
⑥ 병든 이를 잘 돌보고 구휼하라.
⑦ 가난한 사람들을 구제하고 도와주라.
⑧ 법회를 열거나 법보시를 행하여 불법을 널리 펴라.

이 여덟 가지는 모두 큰 복을 짓는 일들이다. 그리고 이들 중 앞의 셋은 공공사업을 통하여 이루어지고 있으므로, 개인적으로는 ④에서 ⑧까지를 실천하는 것이 바람직하다.

이밖에도 우리가 닦을 수 있는 복은 많다. 마음을 넉넉하게 쓰는 일로부터 남을 살리고자 하는 한 생각, 형편따라 능력따라 어려운 사람을 도와주고 베푸는 것 모두가 복업이 된다.

그리고 이러한 복을 짓는 불자들에게 한 가지 당부 드리고 싶은 것은, 복 지음을 너무 내세우지 말고 약간은 바보스럽게 복을 지으라는 것이다.

❁

옛날, 어느 절의 노장님이 평소 한푼 두푼씩 보시받은 것을 저축하여 돈이 얼마만큼 모이면 논 한 마지기를 사고, 또 모아 논 한 마지기를 사곤 하였다.

옛날의 절에서는 스님네가 돈을 만질 수 있는 일이 아주 드물었다. 큰 재(齋)가 들어왔을 때 조금씩 보시를 받거나, 또는 한 끼 굶으면 절에서 쌀 한 홉을 자기 몫으로 주는 것 정도가 모두였다. 이 노장님은 이렇게 몇십 년을 모아서 마침내 논 열 마지기를 소유하게 되었다.

그런데 열 마지기를 완전히 채운 해에 노장님은 이 논들을 다 팔아, 그 돈으로 산을 사서 개간하기 시작했다. 그러나 사람을 사서 땅을 파고 돌을 캐어다 둑을 쌓는 데 많은 인건비가 들었기 때문에, 열 마지기를 판 돈으로는 겨우 다섯 마지기의 논밖에 만들 수가 없었다. 하지만 일을 마치는 날, 노장님은 매우 기뻐하면서 대중들에게 말하였다.

"올해는 논 닷 마지기를 벌었다. 참 좋은 해이다."

이 말을 들은 대중들은 어이가 없어서 노장님을 빤히 쳐다보았고, 한 젊은 수좌는 답답하다는 듯이 핀잔을 주었다.

"노장님도 참 딱하십니다. 결과적으로 보면 다섯 마지기 손해 보신 것이지, 어떻게 다섯 마지기를 벌었다는 것입니까?"

그러자 노장님이 미소를 지으며 답하셨다.

"그 논 열 마지기는 저 아랫마을 김서방이 사서 잘 짓고 있어 좋고, 이 윗마을 산모퉁이에는 없었던 다섯 마지기의 논을 새로 얻었으니 이 또한 좋은 일이다. 전체로 보면 논 다섯 마지기를 번 것이 아니야?"

이전의 열 마지기는 그 주인이 누가 되었던 농사를 계속 지으면 되는 것이고, 새로 개간한 논은 가난한 농민들에게 농지를 더해 주는 것이므로 족하다는 말씀이셨다.

얼른 보면 바보스럽기까지 한 노장님의 계산법. 그러나 이 노장님처럼 복을 지으면 그 복은 깨달음으로 이어진다.

'나'를 위해 복을 닦고 복을 모으는 것이 아니라, 그 복이 누구에게 가든 상관하지 않고 인연따라 묵묵히 복업을 지어 보라. 그 복은 마침내 '오심지복(悟心之福)'을 이루어, 자유와 행복과 영원함을 남김없이 갖춘 대해탈의 열매를 거둘 수 있게 한다.

'나'의 마음밭에다 내가 어떤 씨를 심는가 하는 것은 '나'의 자유이다.

그러나 불자들이여, 부디 인연법을 잘 깨우쳐 인연에 순응하고, 흔들림없는 자세로 우리의 마음밭에 행복의 씨를 심어 보자. 그리고 약간은 바보스럽게 복밭을 갈고 복업을 지어가자. 그렇게 살면 참된 부처님의 제자가 되고 한량없는 복을 수용할 수 있게 되나니…….

III. 구하는 바 없는 불사

구하는 바 없는 불사(佛事)

인생은 한바탕 꿈

　인간은 누구나 행복하게 살기를 원한다. 누구나 편안하고 깨어있는 삶을 누리고자 한다. 그러나 이와같은 바람은 쉽게 이루어지지 않는다. 삶 속에서 부딪히는 갖가지 사건들이 '나'를 편안하게 내버려두지 않고 행복하게 살도록 놓아두지 않기 때문에 '마음대로 되지 않는 인생'을 살 수밖에 없는 것이다.
　왜 우리는 마음대로 하지 못하고 사는 것일까? 그 까닭은 업(業) 때문이다. '나' 자신이 몸[身]과 말[口]과 생각[意]으로 알게 모르게 지은 좋지 않은 업이 '나'를 얽

어매어 부자유스럽게 만들고 있기 때문이다.

그럼 몸과 입과 생각으로 짓는 나쁜 업은 무엇에서 비롯되는가? 모두가 '자기애(自己愛)' 때문에 생겨난다. '나'를 너무 사랑한 나머지, 나에게 맞으면 탐심을 내고, 나에게 맞지 않으면 성을 내며, 나에게 너무 집착하다 보니 있는 그대로를 보지 못하고 삿된 생각을 일으킨다. 나아가 수만 가지 번뇌와 나쁜 말, 심지어는 나쁜 행동까지 거침없이 저지르게 되고 만다.

결국 갖가지 번뇌에 휩쓸려 '내 마음대로 되지 않는 인생'이라며 짜증을 내고 괴로워하면서 살게 되는 까닭도 따지고 보면 '나에 대한 사랑'에서 비롯된 것이다.

그렇다고 하여 번뇌와 고통을 좋아하는 사람은 없다. 비록 '나'로 말미암아 생겨난 번뇌요 고통이지만, 번뇌와 고통 속에서 살기를 바라는 사람이 어디에 있겠는가? 벗어날래야 벗어날 수 없기 때문에 마지 못해 그 속에서 살아갈 뿐이다.

누구라도 좋다. 누구든지 이러한 생각을 하고 있다면 인생이 어떠한 것인가를 솔직히 되돌아보는 것이 좋다. 인생! 우리의 삶이란 어떠한 것인가? 인생은 꿈속에서 사는 것이나 다를 바가 없다.

대부분의 중생들은 스스로가 만든 번뇌라는 이름의 꿈

을 벗어나지 못하여 세세생생(世世生生)토록 선악의 인과에 휘말리고 생사의 세계를 윤회하고 있다. 나서는 늙고, 늙어서는 병들고, 필경에는 죽고 거듭 태어나 또다시 죽는 무상한 존재이다. 번뇌의 꿈속에서 한없는 고통을 받으면서도 깨어날 줄 모르는 허망한 존재가 중생인 것이다.

하지만 꿈이라고 하여 실망할 일은 아니다. 바로 '꿈'이라는 이 단어 속에 행복과 평화로운 삶의 비결이 간직되어 있다. 꿈과 같이 무상하고 허망한 인생이라는 것을 알 때 새롭게 눈을 떠 꿈을 깬 삶을 살 수 있기 때문이다.

　　인생을 헤아리니 한바탕 꿈이로다
　　좋은 일 궂은 일이 한바탕 꿈이도다
　　꿈속에 꿈을 헤니 이 아니 가소로운가
　　어즈버 인생 일장춘몽을 언제 깨려하느뇨

과연 우리는 이 옛시조처럼 인생을 한바탕 꿈으로 생각하며 살고 있는가? 만일 그렇다면 진정한 자유와 행복을 어렵지 않게 얻을 수 있지만, 아마 대부분의 사람은 그렇지 않을 것이다. 오히려 그 반대일 뿐 아니라, 꿈속이라도 좋으니 부귀영화를 누리고 마음대로 살아보았으면 할 것이다.

❀

옛날 중국의 당나라에 노생(盧生)이라는 사람이 있었다. 그는 큰 부자 되는 것이 원이요, 출세하여 이름을 날리는 것이 원이요, 예쁜 아내를 얻어 아들 딸 낳고 영화롭게 사는 것이 원이었다.

어느날 노생은 한단(邯鄲) 지방으로 가다가, 신선도를 닦는 여옹(呂翁)을 만나 자기의 소원을 하소연하였다. 묵묵히 듣고 있던 그 할아버지는 바랑 속에서 목침(木枕)을 꺼내주면서 쉬기를 권하였다.

"고단할테니 이 목침을 베고 잠깐 눈을 붙이게. 나는 밥을 준비할테니."

목침을 베고 누운 노생은 금방 잠이 들었고, 그 순간부터 그의 인생은 새롭게 전개되었다. 그의 소원 그대로 과거에 급제하여 높은 벼슬을 얻고 절세미모의 여인을 아내로 맞이하여 아들딸을 낳고 부귀영화를 누리면서 참으로 행복하게 살았던 것이다. 그것도 무려 80년의 세월이나…….

그런데 누군가가 '밥 먹게' 하는 소리에 눈을 번쩍 떠보니 모두가 한바탕의 꿈이었다. 80년 동안의 부귀영화가 잠깐 밥 짓는 사이에 꾸었던 꿈이었던 것이다.

미국 보스턴주의 뉴포트에 가면 어업에 종사했던 부자가 지었다는 어마어마한 집이 있다. 그는 8년 동안 세계 각처를 다니며 최고급 대리석을 비롯한 좋은 건축자재를 모았고, 10년 동안 온갖 심혈을 기울여 초대형 호화별장을 완성시켰다.

그뒤 그는 얼마나 오랫동안 호화별장에서 살았을까? 불과 8개월만에 죽고 말았다. 더욱이 그는 뒤를 이을 사람이 없는 독신자였기 때문에, 죽기가 바쁘게 그 호화별장은 보스턴주 정부로 넘어가게 되었다. 하지만 주 정부도 그 집을 유지하는데 필요한 경비를 감당할 수가 없어, 관광객들에게 집을 공개하여 관광수입을 올리기로 결정하였다.

관광객들은 이 화려한 집을 구경하면서 '와 -' 하고 감탄하지만, 사연을 알고 그 집을 나올 때는 하나같이 말한다.

"2m도 되지 않는 몸뚱이를 겨우 8개월 동안 간직하기 위해 그렇게 많은 돈을 들여 집을 짓다니……"

가만히 주변을 둘러보면 이 두 편의 이야기처럼 사는 이들이 너무나 많다. 한평생을 꿈속에 갇혀 사는 사람이 있는가 하면, 꿈처럼 허망한 일에 자신을 내맡기며 살아가는 사람도 적지 않다.

공수래공수거(空手來空手去). 빈손으로 왔다가 마침내 빈손으로 가는 인생이거늘, 자기에 대한 사랑과 헛된 욕심을 충족시키기 위해 끊임없이 허망한 꿈을 꾸며 살아서야 되겠는가? 좀더 잘 살아보겠다며 앞으로 앞으로만 나아가지 말고, 해가 서산으로 기울고 있다는 사실도 기억해야 하고, 스스로의 삶이 꿈속의 삶이 아닌지를 돌아볼 줄도 알아야 한다.

현실을 직시하라

그럼 꿈같은 삶에서 깨어나 행복하고 자유로운 삶을 이루기 위해서는 어떻게 해야 하는가? 먼저 우리가 처해 있는 현실을 냉혹히 돌아보아야 한다.

우리는 지금 어떠한 환경에서 살고 있으며, 내가 그토록 사랑하는 '나'는 과연 어떠한 존재인가?

부처님께서는 우리가 살고 있는 이 세상, 이 환경을 화택(火宅)이라고 하셨다. 불타는 집 화택! 사람들은 바라던 일이 뜻과 같이 되지 않을 때 '아이구, 속탄다' '속에서 천불이 난다'는 표현을 많이 쓴다.

그러나 이 불은 밖으로부터 온 것이 아니다. 스스로가 일으킨 불길이다. 일찍이 부처님께서는 가야산에서 다음과 같은 '불의 법문'을 설하셨다.

"비구들이여, 모든 것이 불타고 있다. 눈이 불타고 있다. 눈에 비치는 형상이 불타고 있다. 형상을 받아들이는 마음도 불타고 있다. 어떤 불에 의해 타고 있는가? 탐욕[貪]의 불, 분노[瞋]의 불, 어리석음[癡]의 불에 의해 타고 있다.

비구들이여, 이와같은 불길들은 왜 일어나는가? '나' 스스로가 일으킨 망상이 부싯돌이 되고 불씨가 되어 어리석음의 검은 연기를 피워 올리고 탐욕과 분노의 불길을 일으키기 때문이다. 이 불길은 점점 세차게 타올라 '나'와 중생을 집어 삼키고 '나'와 중생을 태우게 되느니라. 중생들은 모두 탐욕과 분노와 어리석음이라는 세 가지 독[三毒]의 거센 불길로 인해 나고 늙고 병들어 죽는 세계를 윤회하게 되고, 근심과 슬픔과 고통과 번민 속에서 헤어나지 못하게 되느니라.

비구들이여, 탐욕과 분노와 어리석음의 세 가지 불길

이 거세게 타오르는 것은 오직 '나'에 대한 애착 때문이니, 세 가지 불을 멸(滅)하고자 한다면 무엇보다 먼저 '나'에 대한 애착을 끊어버려야 한다. 나에 대한 애착을 끊을 수 있게 되면 세 가지 불길은 스스로 꺼지고 윤회의 수레바퀴는 저절로 멈추며 모든 괴로움은 자취없이 사라지게 되느니라.

삼독의 불길은 너희들 안에서 타고 있다. 이것을 빨리 멸하지 않으면 안 된다. 주의 깊게 닦아라. 주의 깊게 닦아 하루 빨리 삼독의 불길을 멸하여야 하느니라."

우리 안에서 타오르는 삼독의 불길. 그 불길이 세상에서 가장 사랑하는 '나'를 태우고, 그 불로 '나'의 속을 볶고 끓이고 썩힌다. '나' 뿐만이 아니다. '나' 주위의 가까운 사람들까지 불태워버린다. 그야말로 불의 집 속에서 살아가는 우리들…….

하지만 우리는 집이 불타고 있어 언제 죽게 될지조차 가늠할 수 없는데도 그 집 속에서 무엇인가를 하기에 바쁘다. 만약 이 불이 '나'를 태우고 우리를 태워 죽인다는 사실을 분명히 알고 있다면, 누가 그 무서운 불길을 일으키려 하겠는가?

정녕 확실히 알지 못하기 때문에, 일어나는 탐·진·치 삼독의 불길을 끄고자 하지 않는다. 불의 무서움을 잊은 채 자기들의 놀이에만 몰두할 뿐, 불을 끌 생각도 하지 않고 불타는 집 밖으로 나가려고 하지도 않는다. 그냥 그 냥 불타는 집에서 정신없이 살다가 불에 타서 죽고, 또다 시 불타는 집에 태어나 죽고 또 죽고……. 이것이 윤회하는 중생의 모습이다.

적어도 우리 불자들은 현재 우리가 살고 있는 환경이 화택(火宅)이라는 것을 자각하여, 불타는 집을 벗어나고자 하거나 불을 끄고자 노력하여야 한다. 알고 노력하면 능히 벗어날 수 있는 곳! 그곳이 우리가 몸을 담고 있는 불타는 집, 화택인 것이다.

이제 우리가 그토록 사랑하는 '나'라는 존재에 대해 살펴보자.

'나'를 구성하고 있는 것은 몸과 마음이다. 이 몸과 마음을 자동차에 비유하면, 몸은 자동차요 마음은 운전수와 같은 것이다. 아무리 좋은 자동차라도 운전수가 없으면 움직이지 못한다. 그런데 운전수인 마음은 소홀히 하고 자동차인 이 몸만을 중요시하면 어떻게 되겠는가?

때가 되면 폐차장으로 보내야 할 이 몸을 갈고 닦고 가꾸고 사랑하는 데 몰두하여 진짜 주인인 마음 가꾸기를 게을리하게 되면, 끝없는 불행과 타락의 길로 빠져들게 되는 것이다.

불교에서는 우리의 몸을 일러 사대색신(四大色身)이라고 한다. 이 몸은 땅 기운·물 기운·불 기운·바람 기운 등 지수화풍(地水火風) 사대(四大)의 기운이 합하여져서 잠시 현재와 같은 모습을 나타내게 되었다는 것이다.

우리의 몸을 하나의 도자기로 만드는 데 비유해 보자. 도자기는 흙으로 만든다. 그러나 흙으로 원하는 형태를 만들기 위해서는 먼저 적당량의 물을 섞어야 한다. 흙과 물을 잘 반죽하여 일정한 형태로 만든 다음, 불기운을 가하여 잘 구워야 도자기가 완성된다. 곧 흙[地]·물[水]·불[火]만 있어도 도자기는 만들어지는 것이다.

그러나 움직이는 사람의 몸은 한 가지가 더해져야 한다. 움직임의 기운인 바람[風]이 합해져야 하는 것이다.

이렇게 지·수·화·풍 네 가지의 큰 기운[四大]이 적당하면서도 조화롭게 합하여지면 사람의 몸은 이루어진다.

그러나 하나의 몸을 이룬 다음에도 지·수·화·풍 네 가지 구성요소는 각각 독특한 개성을 나타내어 애착과 번뇌를 불러 일으키고 마침내는 '나'를 파멸의 길로 이끈다고 하여, 불교에서는 사대를 네 마리의 뱀, 곧 '사사(四蛇)'라고 부르고 있다. 부처님께서는 ≪열반경≫을 설하시면서 '한 광주리 안의 뱀 네 마리[一篋四蛇]'라는 비유담을 들려주셨다.

한 임금님이 아주 신임하는 신하에게 광주리 한 개를 주면서 명을 내렸다.

"이 광주리 속에는 각각 성질이 다른 네 마리의 뱀이 들어 있다. 이 뱀들을 한 광주리 안에서 키우되, 한 마리라도 성나게 하거나 죽게 해서는 네가 살아남지 못할 것이다."

왕의 명령을 받고 광주리를 들고 온 신하는 첫날부터 고민에 빠졌다. 네 마리의 뱀은 그 모양에서부터 색깔·습성에 이르기까지 모든 것이 각각이라서, 한 광주리 안에 넣고 키운다는 것이 보통 힘든 일이 아니었기 때문이다.

신하는 우선 뱀들의 머리 모양부터 살펴보았다. 방원장단(方圓長短), 한 마리는 모가 났고[方], 한 마리는 동그란 공과 같은 머리를 하고 있었으며[圓], 한 마리는 길쭉하면서도 가늘고[長], 한 마리는 짧고 통통하였다[短]. 또한 몸의 색깔도 청황적백(靑黃赤白)으로, 각각 파랗고 노랗고 빨갛고 흰색으로 되어 있었다.

뿐만이 아니다. 네 마리 뱀이 지닌 독 또한 각각이어서 견허촉교(見噓觸交)의 독을 내뿜는 것이었다. 쳐다보기만 하여도[見] 그 독기운으로 상대를 죽일 수 있는 뱀, '후-' 하고 김만 쏘여도[噓] 그 독기운으로 상대를 죽일 수 있는 뱀, 몸에 닿기만 하여도[觸] 상대방이 독이 올라 죽는 뱀, 상대방을 물어서[交] 죽이는 뱀이 다 모인 것이다.

네 마리 뱀의 성질은 더욱 각각이었다. 곧 견습난동(堅濕煖動)으로서, 딱딱한 것[堅 : 地]을 좋아하는 놈, 습기 차고 물렁한 것[濕 : 水]을 좋아하는 놈, 따뜻한 것[煖 : 火]을 좋아하는 놈, 요동치는 것[動 : 風]을 좋아하는 놈이 함께 모여 있었다.

신하는 자기를 신임하는 임금님의 기대를 저버리지 않기 위해 정성껏 광주리 속의 뱀을 기르고자 하였다. 그러나 네 마리 뱀의 특성이 서로 달라 여간 힘드는 것이 아니었다. 뿐만 아니라, 정성껏 돌보아주는 자기를 틈만 나면 죽이려 하였다.

날이 갈수록 뱀 키우는 것에 대한 혐오감이 깊어지자, 신하는 어느 날 높은 벼슬을 버리고 피안의 세계를 향해 길을 떠났다. 자칫 잘못하다가는 독사에 의해 죽음을 당하거나 왕의 손에 목숨을 잃을 것 같았기 때문이었다.

열반의 경지에 이르려면 어떻게 해야 하는가를 비유로 설명하고 있는 이 이야기에는 다섯 명의 포졸, 여섯 채의 빈 집, 여섯 명의 도둑, 주막집 여인, 강, 뗏목 등이 차례로 등장하면서 한참 동안 더 계속되지만 지면관계상 여기까지만 하고자 한다.

그런데 이 비유담에서 네 마리 독사 이야기를 가장 앞에 둔 까닭이 있다. 바로 열반의 경지에 이르고자 하는 이는 무엇보다 먼저 네 마리 독사로 비유된 사대, 곧 이 몸에 대한 애착부터 놓아버려야 한다는 것을 강조하기 위해서이다.

이야기 속의 네 마리의 뱀과 같이 우리 몸을 구성하고 있는 사대도 그 성질이 매우 고약하다. 조금만 열기운이 있어도 다른 요소들은 '나 죽는다'며 야단이고, 물기운이 조금만 없어도 탈수현상을 일으켜 병이 든다. 또한 몸을 움직이지 않고 가만히 있으면 그만 바람이 들어 풍(風)이 오게 된다.

나아가 이 몸에서 숨이 끊어지면 머리카락·털·손톱·치아·피부·살·힘줄·뼈·골수·뇌 및 빛깔과 모양이 있는 것들은 전부 한 줌의 흙으로 돌아가고, 침·콧물·고름·피 등과 몸에서 생겨나는 갖가지 액체는 모두 물로 돌아간다. 또한 따뜻한 기운은 불로 돌아가고, 몸을 움직이는 힘은 바람으로 돌아가게 되는 것이다.

이 네 가지 기운 중에서 사람이 죽으면 바람 기운이 제일 먼저 빠져나가게 되므로, 더 이상 움직이지 못하고 몸이 먼저 굳어지는 것이다. 그 다음에는 따뜻한 기운이 없어지게 되어 몸이 싸늘하게 식어간다. 또한 죽고 나서 사흘 이내로 몸의 모든 물기가 빠지기 시작한다. 그러므로 사람이 죽으면 코·입·항문 등의 모든 구멍을 솜으로 막아 물이 빠져나가지 못하도록 하는 것이다. 물 기운이 모두 빠지고 나면 몸이 홀쭉하게 줄어들어서 껍데기와 뼈만 남게 되고, 마지막으로 온몸은 썩어서 한 줌의 흙으로 돌아가고 만다.

이처럼 사람의 몸은 모두 흙·물·불·바람으로 돌아가고 마는 허망한 것에 불과하다. 그러므로 이 몸에 대한 애착을 버리라는 것이다.

그렇다고 하여 몸을 함부로 하라는 것은 아니다. 오히려 몸은 감로수를 담고 있는 감로병과 같다. 감로병에 구멍이 뚫리면 감로수를 보존할 수조차 없다. 그러므로 이 몸을 학대하거나 무참하게 사용해서는 안 된다.

한편으로 우리는 오욕락(五欲樂)에 빠져드는 것이 이 몸을 즐겁게 해주는 것이라고 생각한다. 그러나 이것 이상 더 큰 착각도 없다. 오욕락에 빠지면 몸은 더욱 빨리 망가지게 된다. 맛있는 음식, 이성과의 잦은 관계, 밤낮을 잊고 행하는 노름·도박 등…….

그 결과는 사대의 부실로 이어지고, 마침내는 사대의 붕괴로 끝을 맺게 된다. 사대의 붕괴. 그것은 죽음 외에는 아무 것도 아니다. 그 다음은 무엇인가? 나를 위하고 쾌락을 위하여 남의 희생을 자초하게 한 데 대한 업(業)만을 걸머지고 삼악도를 향한 여행을 떠나게 되는 것이다.

부디 네 마리 뱀으로 구성된 이 몸의 노예가 되지 않도록 하자. 그냥 감로수를 담고 있는 감로병 역할만 제대로 할 수 있을 정도로만 몸을 돌보자. 그리고 욕심이 일어날 때마다 마음을 비워 보자. 이렇게 몸을 돌보고 마음을 비우면 삼악도는 우리들 주위에서 얼씬도 할 수 없다. 또한 도심(道心)은 저절로 자라나게 된다.

안분지족(安分知足)의 삶

정녕 우리는 어떻게 살아야 하는가? 어떻게 살아야 행복과 자유를 누리며 살 수 있는가?

앞에서 꿈같은 인생, 불타는 집 속에서 사는 인생, 사대로 구성된 이 몸의 노예가 되어 사는 인생을 이야기할 때 은근히 답을 밝혔지만, 그 방법은 참으로 간단하다. 애착을 비우고 소유욕을 비우는 것이다. 처음부터 쉽게 되지는 않겠지만 조금씩 조금씩 무소유(無所有)의 정신을 기르고 '무소구행(無所求行)'을 실천하며 살아야 한다.

인간의 모든 괴로움은 '나'의 것으로 만들려는 생각에서부터 시작된다. 곧 구(求)하고 소유하려고 하면 괴로움이 뒤따르는 것이다. 하지만 우리는 끊임없이 구하고 더욱 많이 소유하고자 한다. 사람도 내 사람, 물질도 '나'의 것이 되기를 원한다. 그러므로 자연히 모든 것을 '나'쪽으로 끌어당기게 된다.

그러나 이와같은 욕구는 '나'에게만 있는 것이 아니다. 다른 사람에게도 있다. 따라서 다른 사람도 내가 원하는 것을 잡아당기게 된다. 이렇게 양쪽에서 서로 끌어당기니 경쟁심이 불붙고, 경쟁을 하다가 이기면 승리했다며 뽐내게 되고 지게 되면 실망과 패배감에 젖어 괴로워하는 것이다.

이것이 중생놀음이다. 이러한 중생놀음을 벗어나려면 한쪽에서 놓아버려야 한다. 놓아버리고 살아야 한다. 죽이면 죽, 밥이면 밥, 형편대로 인연에 맞추어 살 일이지 무리하게 살아서는 안 된다. 무리하게 살기 때문에 부작용이 생기고, 부작용이 생기면 괴롭지 않을 수 없는 것이다.

모든 것은 인과응보요 과거 전생의 업연(業緣)따라 될 뿐이다. 욕심대로라면 못 이룰 일이 없지만 현실은 전혀 달리 나아간다. 이 일 저 일을 기웃거리지만 뜻과 같이 되지를 않는다.

돈벌이가 될 일이라고 하면 너도 나도 달려들지만 많은 돈을 번 사람은 과연 몇이며, 명예를 얻고자 하는 이는 많지만 후세에까지 길이 명예로운 이름을 남긴 사람은 몇이며, 권좌에 오르고자 하지만 절대적인 권력을 누린 자가 어디에 있었던가?

조그마한 틈만 있으면 '처처(處處)에 탐착(貪着)'하여 구하고 소유하고 이루고자 하지만, 결과는 전혀 엉뚱한 데로 귀착하는 경우가 허다하다. 뿐만이 아니다. 구하는 것이 크면 클수록, 탐하는 것이 많으면 많을수록 괴로움도 크게 돌아오는 법이다.

왜 뻔한 결과를 직시하지 못하고 스스로의 몸과 마음을 괴롭히며 살아가는가?

지혜롭게 마음을 닦는 사람들을 보라. 그들은 '하늘은 자기 먹을 것 없는 사람을 내어놓는 법이 없고 땅은 이름 없는 풀을 자라나게 하지 않는다(天不生無錄之人 地不長無名之草).'는 이치를 알고 있다. 누구든지 분수를 따라 먹고 살게 되어 있다는 것을 잘 알고 있다.

아등바등 산다고 하여 더 잘 살 수 있는 것도 아니요 더 행복해질 수 있는 것도 아니라는 것을 그들은 잘 알고 있는 것이다.

지혜로운 사람……. 지혜롭다는 것이 무엇인가? 한 생각 잘 돌이켜 탐착을 벗어버리는 것이 지혜이다. 흔히 말하는 부자들은 세상 돈을 모두 '나'의 것으로 만들어도 만족하지 못하지만, 지혜로운 사람은 '먹고 쓰고 남은 것은 다 남의 것'이라고 생각한다.

먹을 만큼 먹고 쓸 만큼 쓰면 그뿐, 더 이상 탐착할 까닭이 없다. 오는 것을 애써 막으려 할 것도 없고 가는 것을 굳이 잡으려 하지도 않는다. 애써 구하려는 생각이나 소유하려는 생각 없이 인연따라 마음을 편안히 하며 살아가는 것이다.

편안히 분수대로 만족할 줄 알라
욕심이 적으면 유쾌하고 행복하여
만족할 줄 아는 것이 곧 부귀이니
언제나 청빈 속에 편히 머물지니라
 安分知足 小欲快樂
 知足富貴 安住淸貧

행복이란 결코 아둥바둥하는 사람에게 오는 것이 아니다. 마음을 편안히 하고 있으면 더 크게 다가온다. 자유도 마찬가지요 부귀 또한 마찬가지이다. '나'에게 필요한 것은 꼭 '나'에게로 오도록 되어 있다. 참으로 행복하고 자유롭고 부귀를 누리고자 한다면 마음을 편안하게 하라. 마음을 평안하게 하여 탐착을 버리고 본분을 지키며 살면 꼭 필요하고 좋은 것들은 저절로 찾아든다.

내 나이 17세 때인 1946년 정월 27일, 은사스님이신 윤고경(尹古鏡) 노장님이 입적하시자 절 살림을 동화스님이 맡아서 살았다. 그때 외삼촌인 영천스님이 오셔서 선수행(禪修行)에 관한 이야기를 들려주고 계셨는데, 마침 동화스님이 열 개도 더 되는 열쇠 꾸러미를 허리춤에 차고 '철거덕'거리며 지나갔다. 그러자 영천스님께서 물었다.

"일타야, 저 쇳대 꾸러미를 보고 뭘 생각했노?"

"뭘 생각해요?"

순간, '재물 쌓고 색 밝히면 염라대왕이 감옥을 열고 청정행자는 아미타불께서 연화대로 모셔가네(利慾閻王引獄鎖 淨行陀佛接蓮臺).'라는 ≪자경문≫의 구절이 떠올랐다.

'아, 저것이 지옥문을 여는 열쇠다. 저 열쇠가 염라대왕의 감옥 문을 여는 것이다. 나는 결코 살림살이하는 중이 되지 않으리라.'

그때 살림살이를 하지 않기로 결심한 이래, 오늘날까지 절 살림 사는 일에는 전혀 관심을 갖지 않고 있다.

실로 출가수행자의 할 일이 무엇인가? 공부밖에 없다. 취할 것은 오직 공부뿐이다. 승려가 재물을 관리하고 모으는 것은 염라대왕의 감옥과 인연을 맺는 것 이상의 성과는 기대하기 어렵다.

나는 승려이므로 승려의 본분대로 수행하면 그뿐이다. 열심히 수행하고 있으면 수행의 결실은 물론이요, 먹을 것 입을 것 등은 저절로 찾아들기 마련이다.

모름지기 우리 불자들은 각자의 본분을 지키면서 '구하는 바 없는 불사(佛事)'를 행하고자 노력해야 한다. 눈길 닿는 것마다 몸이 가는 곳마다 탐착하는 삶이 아니라, 근본을 돌아보고 본분을 다하며 살아야 한다. 그렇게 해야만 행복과 자유와 부귀가 함께 하게 되는 것이다.

시절이 어렵다고 하여 결코 방황하여서는 안 된다. 이러한 때일수록 욕심을 비우며 마음을 가다듬고 정법(正法)으로 살아야 한다. 더욱 더욱 기도하고 참선하고 좋은 불서를 읽으면서 스스로의 마음을 고요하게 만들어야 한다.

고요한 마음으로 탐착심을 떠난 불사(佛事)를 이루어 보라. 모든 괴로움과 불행은 저절로 사라지고 자유와 행복이 깃들게 된다. 하찮은 듯한 이 말이, 물질만능의 자본주의 이념과는 정반대편에 있는 이 무소유의 가르침이, 꿈을 깨우고 불을 끄고 사대색신(四大色身)을 다스리는 비결이 된다.

바라옵건대 우리 불자들이 스스로 만족할 줄 아는 '오유지족(吾唯知足)' 속에서 구하는 바 없는 불사를 행하고, 어려운 시절을 슬기롭게 극복하여 복되고 자유로운 삶을 영위하여지이다.

Ⅳ. 불법 속에서 사는 불자

불법 속에서 사는 불자

불자는 부처님의 아들딸이요 부처님의 제자이다. 그러므로, 불자라면 마땅히 부처님께서 깨달아 설하신 불법(佛法) 속에서 살아가야 한다. 불법 속에서 살면 복과 덕을 함께 갖추신 부처님의 아들딸답게 잘 살 수가 있고, 향상된 삶을 이룰 수가 있는 것이다.

하지만 수많은 불자들 중에서 '불법이 무엇인가'를 정확히 아는 이는 흔치가 않다. 불법! 과연 부처님께서 설하신 법이란 무엇인가?

먼저 불법이 무엇인지, 그 정의를 정립한 다음, 우리가 생활 속에서 의지하고 실천해야 할 법의 내용들을 간략히 살펴보고, 해탈법을 닦는 이들이 꼭 유념해야 할 한두 가지 사항에 대해 논하고자 한다.

법이란 무엇인가

불법의 법(法)을 범어로는 다르마(Dharma)라고 한다. 이 범어 '다르마'라는 말 속에는 '그렇게 되게끔 되어 있는 것, 그렇게 있게끔 되어 있는 것'이라는 뜻이 담겨져 있다. 지금 우리가 이렇게 있는 까닭, 이 사회가 이렇게 있는 까닭, 세계가 이렇게 있는 까닭이 있다는 것이다. 그것이 바로 인과법(因果法)이다. 인(因, 원인)과 연(緣, 환경)과 업(業, 행위)와 과(果, 결과)의 네 글자로 구성된 인과법이다.

인연업과(因緣業果)

이를 농사 짓는 일에 비유하여 보자. 인(因)은 씨앗이요, 연(緣)은 땅과 기후 등의 환경이며, 업(業)은 뿌린 씨앗이 결실을 볼 때까지 가꾸는 행위이다. 이렇게 인과 연과 업이 어떻게 모이느냐에 따라 수확의 과(果)를 거두게 된다.

씨가 좋고 환경이 좋고 농사를 잘 지었으면 수확이 좋기 마련이요, 나쁜 씨를 나쁜 밭에 뿌리고 가꾸는 일을 게을리하였다면 수확이 나쁜 것은 정한 이치이다. 심은대로 거두고 지은대로 받는 것이니, 이것이 바로 '그렇게 되게끔 되어 있는 법(法)'인 것이다.

우리의 삶 또한 이 법칙에서 조금도 벗어나지 않는다.

탐욕과 분노와 어리석음에 사로잡힌 삶이 계속되면 지옥·아귀·축생의 세계라는 삼악도(三惡道)의 생존 양태에 빠져들기 마련이요, 보시·지계·인욕 등의 좋은 일을 많이 하면 보다 향상된 세계로, 더욱 나아가 선정과 지혜를 익히면 부처의 경지로 나아가기 마련인 것이다.

여기서 우리는 한 가지 사실에 주목하여야 한다. 그것은 존재의 법칙, 곧 인과법이 '인·연·업·과'라는 네 글자의 순서처럼 결코 단순하게 전개되는 것이 아니라는 사실이다. 인·연·업·과는 일직선 위에 놓여 있는 것이 아니라, 매우 복합적으로 구성되어 있다. 쉽게 '지금 이 순간'을 두고 이야기해 보자.

항상 우리에게 다가오는 '지금 이 순간'은 바로 과보의 순간이면서 새로운 인(因, 씨)을 심는 순간이다. 동시에 이 순간은 또다른 인의 연(緣, 환경)이 되기도 하고, 업을 맺는 순간이 되기도 한다. 곧 이 순간이 바로 '인·연·업·과'를 동시에 맺고 푸는 자리인 것이다.

이와같이 복합적이고 수많은 인과법에 의해 지금의 '나'는 존재하게 되고, 그 흐름이 연속이 되어 끊임없이 변화하는 모습을 나타내게 되는 것이다.

따라서 우리는 지금 이 순간의 '내 마음'을 잘 거두어 잡아야 한다. 지금의 내 마음을 어떻게 거두어 잡느냐에 따라 모든 것이 변하게 된다. 지금 이 순간의 한 마음이 행복과 불행, 극락과 지옥을 여는 씨앗이 되는 것이다.

옛날 백은(白隱)스님께 한 무사가 찾아와서 여쭈었다.
"스님, 부처는 그만두고라도 극락과 지옥이 정말로 있는 것입니까?"
"당신, 무엇을 하는 사람이요?"
"예, 저는 무사입니다."
"하하! 당신이 무사라고? 도대체 당신같은 사람의 호위를 필요로 하는 사람이 누구인지 궁금하군. 머저리같이 생긴 놈에게 생명을 맡기다니!"
모욕을 느낀 무사의 손이 허리에 찬 칼로 옮겨갔지만 백은스님은 계속 그를 비웃었다.

"그래, 칼은 가졌군. 내 목을 자르기에는 그 칼이 너무 무딜걸?"

무사가 더이상 참지 못하고 칼을 뽑아들었을 때 스님은 조금도 동요됨이 없이 입을 열었다.

"지옥의 문이 열렸구나."

이 말을 듣는 순간 무사는 마음을 찌르는 전율을 느껴 칼을 다시 꽂고 무릎을 꿇었다. 스님은 말씀하셨다.

"극락의 문이 열렸구나."

❀

부잣집의 한 노파가 이웃 절의 부처님전에 불공을 올리며 축원을 하였다.

"부처님, 저는 이미 살만큼 살았습니다. 언제라도 데려가 주옵소서. 나무아미타불……."

노파는 매일같이 절을 찾아가 입버릇처럼 죽음에 관한 축원을 하였고, 그 절의 동자승은 노파의 이 축원을 자주 듣게 되었다. 어느 날 동자승은 짖궂은 생각을 하게 되었다.

'오늘 노파가 오면 불상 뒤에 숨었다가 곯려주어야지.'

그날도 노파는 불공을 드리고 끝맺음의 축원을 하였다.

"부처님, 저는 이미 살만큼 살았습니다. 언제라도 데려가 주십시오. 나무아미타불……."

그때 불상 뒤에 숨어 있던 동자승이 목소리를 가다듬고 위엄있게 말하였다.

"그토록 원한다면 내 오늘 데려가마."

이 말을 듣는 순간 노파는 그 자리에서 죽고 말았다.

이 두 편의 이야기는 모든 것이 내 마음가짐에서 출발한다는 것을 일러주고 있다.

극락의 문은 누가 여는가? 불보살이 열어주는가? 아니다. 내가 여는 것이다. 지옥의 문은 누가 여는가? 염라대왕이 열어주는 것인가? 아니다. 내가 여는 것이다.

스스로 한 마음을 잘 써서 극락의 씨를 심으면 극락이 가깝고, 마음을 그릇되이 써서 탐욕에 빠지고 분노에 휩싸이게 되면 지옥의 칼산과 불길을 만들게 된다.

평소의 마음가짐 또한 마찬가지이다. 우리가 평소에 축원을 하면 그 축원 따라 인생이 펼쳐지기 마련이다. 죽음과 관련된 축원을 올린 노파가 동자승의 음성을 듣고 죽은 이유가 무엇인가? 동자승의 음성에 특별한 힘이 있었기 때문인가? 아니다. 노파의 평소 축원, 그 염력(念力)이 그렇게 만든 것이다. 마음에 심은 씨대로 나아간 것일 뿐이다.

그렇게 되게끔 되어 있는 법! 이 법 속에 사는 우리

는 지금 이 순간을 잘 가꾸어야 한다. 지금 이 순간에 마음 한번 잘 쓰면 얼마든지 인생을 바꿀 수 있고 향상의 세계로 나아갈 수 있다.

이제까지는 비록 탐욕과 분노와 어리석음 속에서 살았을지라도, '지금 이 자리에서' 마음을 잘 쓰고 깊은 신심으로 참회하며 업장을 녹이면, 새로운 모습으로 탈바꿈하여 행복을 누릴 수 있고 마침내 부처를 이룰 수 있게 되는 것이다.

불법수행은 심법수행

정녕 중요한 것은 지금의 마음가짐이다. 하지만 나약한 중생은 자기의 마음을 잘 제어하지 못한다. 마음을 잘 조절하여 살기보다는 부딪히는 경계를 좇아 흘러가고 방황하기 일쑤이다.

그러므로 중생들에게는 마음을 잘 제어하고 조절해줄 '법'이 필요하다. 지금 이 순간의 내 마음을 잘 쓸 수 있도록 이끌어 주는 가르침이 필요한 것이다. 그 가르침이 무엇인가?

바로 불법(佛法)이다. 어둡고 출렁이는 고해(苦海)의 물결 속에서 허우적거리는 중생을 불쌍히 여긴 부처님께서,

밝고 행복하고 평온한 세계로 나아갈 수 있는 길을 일러주신 것이 불법인 것이다. 삼법인(三法印)·사제(四諦)·팔정도(八正道)·육바라밀(六波羅蜜)·사무량심(四無量心)·사섭법(四攝法), 그리고 참선·염불·주력·경전공부 등등…….

이렇게 부처님께서는 중생의 근기에 맞게 많은 법을 일러주셨다. 그리고 우리 불자들은 이러한 불법을 닦고 익힌다. 형편 따라 능력 따라 나에게 맞는 불법을 선택하여 수행하는 것이다. 불법수행…….

하지만 불법수행은 특별한 것이 아니다. 특별한 무엇을 구하는 것도 특별한 무엇을 찾는 것도 아니다. 마음을 열고 마음을 청정하게 하는 것! 그것이 불법수행이다.

잠깐 육바라밀을 살펴보자.

남을 대할 때는 주는 마음으로 대하라
보수(報酬)가 없는 일을 연습하여라
이것이 보시바라밀(布施波羅蜜)이니라

미안(未安)에 머무르지 말라
후회하는 일을 적게 하여라
이것이 지계바라밀(持戒波羅蜜)이니라

모든 사람들을 부처님으로 보라
부처님께서 욕(辱)을 하신다면 배울 일이요 깨우쳐 볼 일이다
이것이 인욕바라밀(忍辱波羅蜜)이니라

이 세 가지는 사람으로서 세상을 대하는 법이니
옳거든 부지런히 실행하라
이것이 정진바라밀(精進波羅蜜)이니라

이러한 과정으로 시간이 경과함에 따라
마음이 안정되나니
이것이 선정바라밀(禪定波羅蜜)이니라

이것이 익숙해지면 마음이 편안해지고 따라서 지혜가 나고
지혜가 있으니 일에 대하여 의심이 없나니라
이것이 반야바라밀(般若波羅蜜)이니라

여섯 가지 해탈법인 이 육바라밀도 자세히 살펴보면 하나같이 내 마음을 평안하게 하고 남의 마음을 평안하게 하는 가르침이다. 스스로의 닫힌 마음을 열어 진리와

하나가 되고, 내 마음을 청정하게 하여 다른 사람들까지 함께 깨어나도록 하는 것이 불법수행이다. 곧 불법수행은 심법수행(心法修行)인 것이다.

심법수행! 이 '심법(心法)'이라는 말 속에는 내 마음이 바로 그렇게 되게끔 되어 있는 법(法)이요, 내 마음이 청정하면 모든 것이 다 청정해진다는 뜻이 내포되어 있다. 일찍이 부처님께서는 이렇게 설하셨다.

맑고 깨끗한 불국토를 원하거든
스스로 그 마음을 깨끗이 하라
마음이 맑고 깨끗해짐에 따라
불국토도 맑고 깨끗해지느니라
　欲淨佛土　當淨其心
　隨其心淨　卽佛土淨　　　　〈유마경 불국품〉

일심(一心)이 청정하면 일신(一身)이 청정하고
일신(一身)이 청정하면 다신(多身)이 청정하며
나아가 시방 중생의 원각(圓覺)이 청정하여 지느니라
　　　　　　　　　　　　〈원각경〉

이들 부처님의 말씀을 통하여 능히 짐작할 수 있듯이,

불법수행은 그야말로 '나'의 한 마음[一心]을 여는 심법수행이다. '나'의 마음을 청정하게 만드는 심법수행이다. 이 심법수행을 통하여 '나'의 마음이 청정해질 때 우리의 가족도 이웃도 중생도 국토도 청정해지는 것이다.

그러므로 우리는 밖에서 구하면 안 된다. 형편 따라 능력 따라 좋은 일을 행하면서 안으로 안으로 '나'의 마음을 맑히고 다스려, '나' 속에 간직되어 있는 참된 보배를 찾아야 한다.

※

중국 당나라 때의 대주(大珠)선사가 마조(馬祖)스님을 찾아와 가르침을 청하자, 마조스님께서 물었다.

"그대는 무엇을 찾고 있는가?"

"깨달음입니다."

"깨달음? 어찌하여 깨달음을 밖에서 찾는가? 너에게도 보물창고가 있거늘!"

"저의 보물창고가 어디에 있습니까?"

"지금 묻고 답하는 그것이 바로 보물창고지."

이 말을 듣는 순간 대주선사는 대오(大悟)하였다. 그리고 그 뒤부터는 늘 주위사람들에게 일러주었다.

"자기의 보물창고를 열어라. 그리하여 그 보물을 써라."

❖

　홀홀단신의 한 젊은이가 관직에 있는 옛 친구의 집을 방문하였다가 술에 취해 잠이 들었다. 그런데 집주인인 친구가 갑자기 어명(御命)을 받고 먼 길을 떠나게 되었다. 집주인은 잠에 빠진 친구를 깨워도 일어나지 않자 안주머니 속에 값진 보석 하나를 넣어주고 길을 떠났다. 고생하는 친구의 처지를 딱하게 여겨 보석을 준 것이다.
　술에서 깨어난 젊은이는 다시 친구집을 나와 여러 마을을 떠돌아다녀야 했고, 먹고 살기 위해 갖은 고생을 다 하며 살았다. 한 끼를 벌기 위해 한나절을 허리 한번 제대로 펴지 못하는 일도 하였고, 남의 집 처마 밑에 쪼그리고 앉아 밤을 지새우기도 하였다.
　몇 년 뒤 그 젊은이가 관직에 있는 친구를 우연히 다시 만나게 되었을 때 친구는 매우 애석해하며 말하였다.
　"이 사람아, 이 무슨 고생인가! 내가 자네 사는 것이 걱정이 되어 먼 길을 떠나면서 자네 옷 속에 보석을 넣어주지 않았던가?"
　"보석? 무슨 보석?"
　"바로 이 안주머니에 있지 않은가? 어찌 몇 년이 지나도록 보석을 지니고 있다는 사실조차 모르고 지냈는가?

이 보석만 팔았어도 몇 년의 호강은 문제 없었을텐데……."

이 두 이야기 속의 보물창고와 안주머니 속의 보석은 우리 모두가 가지고 있는 불성(佛性) 또는 일심(一心)에 대한 비유이다.

모든 중생은 누구나 이러한 보물창고를 가지고 있다. 아무리 써도 써도 바닥이 나지 않고 줄어듬이 없는 영원생명·무한생명의 보물창고를 갖추고 있다. 이러한 보물을 찾아 쓰기 위해 우리는 끊임없이 수행해야 한다.

그러나 우리는 보물을 스스로 간직하고 있다는 사실조차 모른 채 밖에서만 찾는다. 하지만 밖에서 구하는 동안은 보물창고의 흔적조차도 볼 수가 없다.

정녕 보물창고를 찾아 그 안의 보물을 마음대로 쓰고자 한다면, 결코 밖에서 찾아서는 안 된다. 밖에서 찾는 공부가 아니라, 안으로 안으로 돌아보는 공부를 하여야 한다. 밖으로 부산하게 흩어지는 마음을 거두어들여 삼매(三昧)를 이루는 공부를 하여야 한다. 참선·염불·기도·보시·자비봉사·경전공부 등을 통하여 번뇌를 지혜로 바꾸는 공부를 해야 하는 것이다.

그리하여 마침내는 '나'의 벽을 무너뜨려야 한다. 이제까지 스스로가 쌓아 스스로를 가두었던 '나'의 벽을 무너뜨리면 '나'는 이 진리의 세계인 법계(法界)와 하나가 되어 대해탈과 대자유와 다함없는 행복을 누릴 수 있게 되는 것이다.

자랑말고 간절히 구하라

그러나 '나'의 벽은 무너뜨리고자 하여도 쉽게 무너지지 않는다. 그동안 '나'의 이기심과 '나'의 고집과 '나'에 대한 사랑으로 너무나 견고하게 쌓았기 때문이다.

그럼 어떻게 해야 이 벽을 무너뜨릴 수 있는가? 가장 쉬운 경우는 삼매(三昧)를 이룰 때이다. 참선을 하여 좌선삼매에 젖어들거나, 불보살의 명호를 외워 염불삼매에 젖어들면 '나'의 벽은 홀연히 사라져버린다.

왜 삼매를 이루면 '나'의 벽이 홀연히 사라지는가? 마음을 모으고 또 모아 삼매에 몰입하면 '나'도 대상도 한꺼번에 사라져버리기 때문이다.

또 '나'의 것을 아끼는 마음을 없애는 보시를 행하거나, 자비봉사로 남을 내 몸처럼 아끼고 살릴 수 있는 삶을 살거나, 경전 등을 열심히 공부하고 사색하여 무아(無我)의 이치를 사무쳐 깨닫게 되면 '나'의 벽은 사라지게 된다.

어떠한 불법수행이라도 상관이 없다. 다만 한 가지 깊이 명심해야 할 사항은 자랑말고 집착말고 정성껏 행하라는 것이다.

가령 보시를 하였다고 하면 보시를 한 그 자체로 끝낼 뿐, 내가 누구에게 무엇을 주었다는 자취를 남겨서는 안 된다. 왜인가? 자랑하고 집착하는 보시는 그 공덕이 자랑하고 집착하는 만큼에 불과하지만, 집착없이 행하는 보시는 한량없는 복을 불러일으키고 깨달음의 길로 연결되기 때문이다.

불자들이 즐겨 닦는 기도나 절 또한 마찬가지이다. 불자들 중에는 힘든 3천배를 하는 사람들이 많다. 3천배를 올리면서 흘린 땀방울은 그야말로 참회의 땀방울이다. 그런데 그 사람들 중 일부는 '3천'이라는 절의 수를 즐겨 자랑하기도 한다.

3천배 한 것을 마치 미지의 산봉우리를 최초로 밟은 것인양 자랑하고, 아직 3천배를 한 일이 없는 사람을 상대로 삼아 은근히 뽐내기까지 하는 것이다.

그러나 이렇게 절을 하고 기도한다면 3천배가 아니라 백만배를 한들 참된 깨달음으로는 이어질 수가 없다. 자랑 섞인 3천배보다는 오히려 정성을 가득 담은 3배가 더 큰 공덕을 이룰 수도 있는 것이다.

부디 명심하라. 불법수행의 요체는 정성껏 행하고 비우는 것이다. 결코 자랑을 하거나 집착을 해서는 안 된다. 자랑을 하면 흔적이 깊어지고, 흔적이 깊으면 깊은 만큼 텅 비어 있는 참된 도와 하나가 되기 어렵기 때문이다.

그러므로 우리 불자들은 어떠한 불법수행을 하더라도 자랑을 하지 말고 집착을 하지 말고, 언제나 하심(下心)하면서 정성껏 정성껏 불법을 닦아야 한다.

그리하여 그 정성이 설산동자(雪山童子)가 도를 구한 것처럼 간절해지면, 감춰진 보배창고인 일심을 되찾아서 마음대로 보물을 쓰고 무한한 행복을 누리는 대해탈의 삶을 이룩할 수 있게 되는 것이다. 설산동자…….

설산동자는 청정한 설산(雪山)에서 세속적인 모든 욕심을 버리고 무상대도(無上大道)를 구하기 위해 힘든 고행을 하고 있었다. 그때 하늘의 제석천왕(帝釋天王)을 비롯한 많은 천신이 그 고행자를 보고는 이야기를 나누었다.

"참으로 이상한 일이로다. 저 고행자는 청정설산에서 먹고 싶은 것을 먹지 않고 가지고 싶은 것을 갖지 않고 하고 싶은 일을 하지 않으면서 수행에만 힘쓰고 있다. 저 사람은 무엇을 위해 저토록 힘든 고행을 닦고 있는 것일까?"

"아니, 저렇게 한량없는 복을 지어서 무엇을 하려고 할까? 혹 제석천왕 자리를 노리고 있는 게 아닐까요?"

"아닙니다. 기껏 제석천왕의 자리를 탐내는 자가 저런 고행을 하겠습니까? 저 사람은 아마도 모든 것이 무상하다는 것을 아는 무상심(無常心)을 깊이 체득하여, 위없는 깨달음인 무상대도(無上大道)를 이루고자 하는 사람일 것입니다. 저 사람처럼 일체의 상(相)을 떠난 무상삼매(無相三昧)를 닦다 보면, 머지 않아 틀림없이 무상대도를 성취할 것입니다."

제석천왕은 천신들의 말을 다 듣고 나서 입을 열었다.

"비유컨대, 마갈어가 수억만 개의 알을 낳지만, 그 알이 모두 부화되어 큰 물고기가 된다는 보장은 없다. 마찬가지로 무상대도를 이루겠다고 발심(發心)을 하는 사람은 많지만, 무상대도를 성취하는 자는 극히 드물다. 그러므로 저 자가 참으로 진금(眞金)인 줄 알려면 태워보고 갈아보고 두드려 보아야[燒磨打] 한다."

제석천왕은 말을 마치자마자 바로 사람을 잡아먹는 흉측한 나찰귀신으로 모습을 바꾸고 설산으로 내려가, 동자가 수행하는 근처에 앉아 게송을 읊었다.

변천하는 모든 법 떳떳치 않아
모두가 났다가는 없어지는 법
　　諸行無常　是生滅法

　설산동자는 어디선가 들려오는 노랫소리에 귀를 귀기울였다.
　"아니, 어디에서 이렇게 훌륭한 법문이 들려오는가? 어디에서 이와같은 반쪽의 여의보주가 쏟아졌는가?"
　사방을 둘러보았지만 주위엔 아무도 없었다. 오직 흉측한 나찰만이 저쪽 바위 위에 웅크리고 앉아 있을 뿐이었다.
　"혹시 당신께서 조금 전에 노래를 부르셨습니까?"
　"내가 너무 배가 고파서 그런 헛소리를 했는지도 모르오."
　"당신은 무엇을 먹고 삽니까?"
　"놀라지 마시오. 나는 산 사람의 따뜻한 고기와 피를 먹고 사는 나찰귀신이라오."
　"조금 전에 설한 법문은 반쪽밖에 안되니 나머지 반쪽도 들려주시오. 그렇게만 해주신다면 기꺼이 이 몸을 드리겠습니다."
　"그걸 어떻게 믿겠소."

"내가 당신께 이 몸을 보시한다는 것을 천지신명께 맹세하겠소."

"그렇다면 잘 들으시오. 행자여."

나고 죽는 법이 다 없어지면
고요하고 고요하여 즐거우리라
生滅滅巳 寂滅爲樂

나머지 게송을 듣고 난 뒤 행자는 나무와 돌, 땅에다 부지런히 게송을 쓴 다음 높은 나무 꼭대기로 올라갔다.

"시방제불(十方諸佛)이시여, 일언반구(一言半句)를 위해 이제 이 몸을 버리오니 저를 증명해 주소서."

그리고는 나찰의 입을 향해 뛰어내렸다. 바로 그 순간 허공에서는 온갖 음악 소리가 울려퍼졌고, 나찰귀신은 제석천왕의 모습으로 돌아와 설산동자의 몸을 허공에서 살며시 받아 평지에 내려놓았다. 제석천왕을 비롯한 여러 천인들은 설산동자의 발 아래 예배하며 찬탄하였다.

"장하여라. 당신은 진정한 보살입니다. 무명 속에서 법의 횃불을 켜고 한량없는 중생의 이익을 구하려 하십니다. 저희는 여래의 높은 법을 지극히 아끼옵기에 시끄럽고 번거롭게 하였사오나, 참회하는 정성을 받아 주시고 무상대도를 이루어 저희를 제도해 주소서."

제석천왕과 모든 하늘 대중들은 다시 설산동자에게 예배하고 사라졌다.

석가모니불께서는 전생의 설산동자 시절, 반 게송을 위해 몸을 버린 인연으로 성불의 시기를 12겁(劫)이나 앞당겨, 미륵보살보다 먼저 부처가 되었다고 한다.

언제나 불법을 생각하고 부처님의 바른 법을 위해 몸을 아끼지 않았던 설산동자. 이 설산동자처럼 누구나 지극한 마음가짐으로 몸을 잊고 불법을 구하게 되면 한량없는 겁을 뛰어넘어 해탈을 얻을 수가 있다.

물론 대부분의 불자들은 설산동자와 같은 지극한 구법(求法)의 정성을 보이기는 힘들 것이다. 그렇지만 힘 닿는 데까지 꾸준히 불법을 익히고 정성을 다하면 차츰 길이 열리게 된다.

불자들이여, 부디 명심하라. 언제나 불법을 생각하고 불법 속에서 살면, 비록 지금은 어려운 수행일지라도 차츰 인(因)과 연(緣)과 업(業)이 무르익고 또 익어 마침내 큰 깨달음을 이룰 수 있게 된다.

정녕 중요한 것은 법답게 살고 정성을 다하는 일이다. 내가 '나'를 개발하여 영원생명과 무한생명을 이루는 불법수행에 정성을 다하여, 자타일시성불도(自他一時成佛道)의 길로 나아가기를 축원드린다.

제2장 불교의 4대 수행법

I. 행복과 해탈을 막는 오개장

행복과 해탈을 막는 오개장

　중국 당나라 때의 회통(會通)은 7세 때부터 육식을 멀리하고 채식만 하였으며, 11세에 오계(五戒)를 받았다. 덕종(德宗) 황제 때는 육궁사(六宮使)가 되어 왕족들의 총애를 한몸에 받았으나, 22세 때 관직을 그만두고 출가하여 조과(鳥窠) 선사의 제자가 되었다.
　회통스님은 불도를 이루고자 밤낮없이 부지런히 정진하였다. 낮에는 대승경전을 읽고 밤에는 선정삼매(禪定三昧)를 이루고자 열심히 노력하였지만, 스승인 조과선사는 옆에서 지켜보기만 할 뿐 특별한 가르침을 내리지 않았다.

어느 날, 조과선사 밑에 있어 보았자 공부에 더 이상의 진전이 없을 것으로 판단한 회통스님은 조과선사께 작별인사를 드렸다.

"스님, 이제 떠나렵니다."

"어디로 가려느냐?"

"불법을 닦으려고 출가하였으나 스님께서 자비로운 가르침을 내리지 아니하시니, 이제부터는 전국의 여러 선지식을 찾아다니며 불법을 배워볼까 합니다."

"그래? 불법이라면 내가 있는 여기에도 조금은 있지."

"어떤 것이 스님의 불법입니까?"

조과선사는 옷깃에서 실 한 오라기를 뽑아들더니, '훅' 하고 불었다. 순간 회통스님은 조과선사의 깊은 뜻을 깨달아 해탈(解脫)하였다.

우리 불자들의 불법수행(佛法修行)! 그것은 행복과 해탈을 위한 공부이다. 행복과 해탈……. 어찌 이것을 불법수행을 하는 불자들만 바라겠는가?

인간은 누구나 행복하게 살기를 원한다. 구속없이 걸림없이 자유롭게 살기를 바란다. 하지만 행복과 자유는 우리의 뜻처럼 쉽게 우리의 것이 되지 않는다. 행복과 해탈을 얻기 위해 애써 불법수행도 해 보지만, 생각처럼 용이

하게 닦아가기조차 힘들다.

그러나 회통스님의 예를 통해 볼 수 있듯이 수행을 통한 행복과 해탈의 증득이 결코 어렵기만 한 일이 아닌데, 왜 우리는 바라는 바대로 살지 못하는 것일까? 그 까닭은 간단하다. 우리가 다생다겁토록 익혀온 그 어떤 버릇이 우리들 앞을 가로막고 있기 때문이다.

우리는 대우주의 시작도 끝도 없는 시간과 공간 속에서, 나서는 죽고 죽어서는 다시 태어나기를 끝없이 되풀이하며, 매 순간마다 무엇인가를 끊임없이 익혀온 존재들이다. 그렇다. 무엇인가를 분명히 익혀왔고, 지금도 익히고 있다. 과연 무엇을 익혀왔는가? 도대체 어떠한 버릇을 익혀왔기에 지금의 나는 자유롭지 못한 삶, 고통의 삶을 살고 있는 것인가?

부처님께서는 우리의 불법수행을 방해하고 해탈과 행복을 가로막아버리는 장애를 크게 다섯 가지로 나누어 설명하셨다.

① 오욕(五欲)에 집착하여 마음바탕을 가리우는 탐욕개(貪欲蓋)
② 성을 내어 마음바탕을 가리우는 진에개(瞋恚蓋)
③ 마음이 흔들리고 근심함으로써 마음바탕을 가리우는

도거개(掉擧蓋)
④ 진리에 대한 확신을 갖지 못하고 의심함으로써 마음 자리를 가리우는 의법개(疑法蓋)
⑤ 정신이 흐려지고 몸이 무거워져서 마음자리를 가리우는 혼수개(惛睡蓋)

　이 다섯 가지 장애를 오개장(五蓋障) 또는 오장(五障)이라고 한다. 이제 불교의 4대 수행법을 살펴보기에 앞서 마음바탕을 가리워 선법(善法)을 낼 수 없게 만들어버리는 오개장의 하나하나에 대해 차근차근 살펴보고자 한다. 왜냐하면 수행을 방해하고 해탈과 행복을 가로막는 장애들을 정확히 알아야만, 능히 극복하여 해탈과 행복을 증득할 수 있게 되기 때문이다.

탐욕개(貪欲蓋)

　탐욕개는 오욕(五欲)에 집착하여, 스스로 행복과 해탈의 기운을 차단시키는 것을 가리킨다.
　인간의 근본 욕심인 오욕은 보통 재욕(財欲)·색욕(色欲)·식욕(食欲)·명예욕(名譽欲)·수면욕(睡眠欲)으로 분류되며, 이 가운데 음식과 수면에 대한 욕심을 더욱 근원적인 것으로 보고 있다.

이것은 언제부터 시작되었는지조차 알 수 없는 아득한 옛날부터 익혀온 것이기 때문에, 누가 가르쳐 주지 않아도 저절로 행하게 된다. 배가 고프면 밥을 찾고, 졸리우면 잠 속에 빠져드는 것이다. 그리고 먹고 자는 기본적인 욕망이 충족되면 보다 풍요롭게 살고 싶어하고[財欲], 이성과 함께 즐기고 싶어하고[色欲], 이름을 세상에 알리며 살기를 바라게 된다[名譽欲].

그런데 이와같은 욕망의 근원을 자세히 들여다보면, 모두가 '먹고 싶다' '자고 싶다' '갖고 싶다' '되고 싶다'는 등의 '싶다'에서 출발한다. 곧 '나'에게 맞으면 욕심이 일어나게 되는 것이다.

그렇다고 하여 욕심을 무조건 나쁜 것으로 매도해버릴 수만은 없다. 인간의 욕심은 크게 의욕(意欲)과 탐욕(貪欲)으로 나눌 수 있으며, 그 누구도 의욕을 나쁘다고 이야기할 수 없기 때문이다.

문제는 욕심의 정도가 지나친 데 있다. 비록 의욕으로 시작하였을지라도 지나치면 탐욕이 된다. 지나치면 이 우주에 충만되어 있는 행복과 해탈의 기운이 '나'에게로 다가오지 않고 등을 돌려 떠나버린다.

좋은 기운이 떠나버리면 어떻게 되는가? 괴로움과 불

행만이 가득해질 뿐이다. 특히 재물과 이성에 대한 욕심이 지나치면 인생 자체는 더욱 비참해져버린다. 돈과 색! 사람들은 흔히들 묻고 답을 한다.

"이 세상에서 가장 좋은 것이 무엇인가?"

"그야 물론 돈이고 색이지."

그렇다. 돈과 이성이야말로 인간을 즐겁게 만든다.

돈을 모으고 돈을 쓰는 재미는 참으로 좋은 것이다. 지갑 속에 돈이 두둑하면 신바람이 절로 나고 얼굴도 번쩍번쩍 윤택해진다. 그리고 모든 거래가 돈으로 이루어지기 때문에, '돈으로 살 수 없는 것은 아무 것도 없다'고까지 부르짖는 사람도 있다.

실로 세속법은 돈이 중심이 되어 굴러가는 것이기 때문에 돈으로 해결할 수 없는 것은 거의 없다. 돈이 있으면 높은 지위도 얻을 수 있고 사람을 부릴 수도 있다. 이토록 재물은 좋은 것이다.

그러나 좋은 것이 크면 클수록 나쁜 것도 크게 다가오는 것이 세속법의 원리이다. 돈이 많은 사람의 패가망신은 대부분 돈 때문에 일어나고, 돈을 무기 삼아 휘두르는 사람은 돈에 의해 비참한 꼴을 당하게 된다. 도(道)로써 해야 해결될 수 있는 것을 돈으로 해결하려 하거나, 꼭 써야 할 돈을 아낀다고 쓰지 않게 되면, 오히려 돈이 사람에게 상처를 입힌 다음 떠나는 경우가 많다.

또 이성(異性)은 돈 이상으로 사람을 즐겁고 흐뭇하게 만든다. 마음에 드는 이성과 교제를 하고 이성과 사랑을 나누는 일은 그렇게 즐거울 수가 없다. 원하던 이성을 만나면 마치 천하를 모두 얻은 듯이 기뻐한다.

진정 마음 맞는 사람과 만나 따뜻한 정을 나누며 백년해로를 하게 되면 그처럼 행복한 삶도 드물 것이다. 그러나 시집 한번 잘못 가고 장가 한번 잘못 가면 그야말로 기구한 팔자로 바뀌게 되고, 상대가 바람이라도 한번 피우는 날에는 서로 의심하고 욕하고 미워하고 근심 걱정하다가 한평생을 허비하는 경우가 많다.

재물과 이성! 잘 쓰고 좋은 인연으로 만나면 다시없이 좋은 것이 재색(財色)이지만, 잘못 쓰고 마음대로 되지 않을 때는 재색처럼 사람을 힘들게 만드는 것도 없다. 재색의 먹구름이 나를 감싸면 세상은 일순간에 암흑천지로 바뀌어버린다. 이 몸이 그대로 근심걱정 보따리가 되어버리는 것이다.

'사람' 아니면 '물질' 때문에 괴로워하는 인생. 만일 돈 걱정과 이성에 대한 고민이 없다면 세상을 살아가기가 훨씬 수월할 것이다.

재욕과 색욕뿐만이 아니다. 식욕도 마찬가지요 명예욕

과 수면욕도 마찬가지이다. 무엇이든 지나치면 몸 버리고 사람 버리고 집안 망치고, 다생다겁을 통하여 그 과보를 받아야 한다. 누군들 이러한 결과를 좋아하는 이가 있으리! 다만 그 심각성을 몰라 저지를 뿐이니…….

정녕 행복과 해탈을 막는 탐욕개를 없애려면, 편안히 분수대로 살고자 노력해야 한다. 욕심따라 사는 것이 아니라 욕심을 줄이며 살아야 한다. 욕심이 적으면 차츰 즐거워지고, 스스로 만족할 줄 알면 차츰 부(富)하고 귀(貴)하게 바뀌어간다.

최소한 오욕을 탐하지 않게 되면, 구름이 걷히면서 맑은 하늘의 행복이 곧바로 다가오고, 자유를 넉넉히 누릴 수 있게 되는 것이다.

진에개(瞋恚蓋)

생사윤회(生死輪廻)의 세계, 인욕 없이는 살아갈 수 없는 이 사바세계에 살다 보면 모든 일이 자기가 원하는 대로 되지 않을 뿐 아니라, '나'에게 맞지 않는 일들이 많이 생겨나게 된다.

'나'의 욕심이 충족되지 않고 원하던 것을 얻지 못하면 짜증을 내고 신경질을 부리게 되며, 심하게는 불끈 일어나는 분노 속에 휩싸여 갖가지 허물을 짓기까지 한다. 이 것이 진에(瞋恚)이다.

노여움·분노·성냄을 뜻하는 이 진에는 여름날 푸른 하늘을 일순간에 덮어버리는 먹구름과 같고, 일순간에 모든 재산을 태워버리는 화마(火魔)와 같은 것이다.

뿐만 아니다. 사람들이 화를 내고 짜증을 낼 때, 그 마음속에는 독심(毒心)이 일어난다. 그 독심은 온몸 속으로 퍼지고, 심하면 손발과 얼굴이 붓는 경우까지 있다. 심지어 화를 크게 내면 그 파장이 자연에까지 울려퍼지기도 한다.

예전에 나는 아주 화가 많이 난 사람이 산에서 크게 혼이 나는 것을 보았다. 그는 우리 암자 옆에서 분통을 터뜨리고 있었는데, 산중의 독사들이 풀숲을 헤치며 아주 빠른 속도로 그 사람 주위에 모여들었다. 그 사람의 독기가 산중의 독사들에게 전달되었던 것이다.

이러한 진에의 과보는 어떠한 번뇌의 과보보다 무겁다. ≪화엄경≫에는 화를 자주 낼 때 받게 되는 세속적인 열 가지 장애가 기록되어 있다.

① 부정한 세계에 태어난다.
② 악한 세상에 태어난다.
③ 몸에 병이 많아진다.

④ 중상을 입게 된다.

⑤ 고요한 마음을 잃게 된다.

⑥ 지혜가 적어진다.

⑦ 나쁜 소견을 가진 사람을 만난다.

⑧ 악인과 작당을 하게 된다.

⑨ 바른 소견을 지닌 사람과 멀어진다.

⑩ 참회가 잘 되지 않는다.

또 부처님을 깊이 믿지 못하게 될 뿐 아니라, 깨달음을 이루지 못하고, 바른 가르침을 듣지 못하고, 소승(小乘)을 좋아하게 된다고 하였다.

정녕 화를 내는 마음의 독기는 무섭기 그지없다. 그 독기는 단순히 불법수행을 가로막고 행복과 해탈을 가리우는 정도가 아니다. 그 독기는 나와 남의 목숨을 노릴 뿐 아니라, 우리를 칼산지옥·불지옥 속에 가두어버린다.

그러므로 화가 일어날 때마다 스스로의 마음을 다스리고 다스려 독기를 뿜어내지 않도록 해야 한다. 염불을 하거나 노래를 하거나 운동을 하면서라도 풀어야 한다. 그렇게 해도 잘 풀리지 않는다면 '나'만을 사랑하는 강한 이기심을 발동시켜, 진에 때문에 받게 될 앞으로의 인과 응보를 생각해 보라.

어떻게 하든 진에의 독기는 풀어야 한다. 그 독기가 사라지지 않으면 행복과 자유는 결코 나에게 깃들지 않는다.

진에! 이것 이상으로 수행과 인생살이에 방해가 되는 것은 없다. 하지만 가만히 되돌아 보라. 진에의 본성이 어떠한 것인지를…….

❈

옛날, 한 젊은이가 반규(盤珪)선사를 찾아와 하소연하였다.

"스님, 저는 원래부터 성질이 급하고 거친 편입니다. 더욱이 화가 나면 이성을 잃고 온갖 난폭한 행동을 저지릅니다. 스님, 저의 이 못된 성질을 제발 좀 다스려 주십시오."

"그것 참, 젊은이는 참으로 묘한 것을 가지고 있네그려. 그 성질이 어떻게 생긴 것인지 나도 궁금하구먼. 어디 한번 보여주게나."

"스님, 지금 어떻게 그 성질을 보여드릴 수 있습니까?"

"응? 그럼 언제 보여줄 수 있지?"

"그 성질은 제 자신도 예기치 못하는 순간에 불쑥 나타나는 걸요."

"그래? 그렇다면 그 성질은 젊은이의 진짜 성질이 아닌 것이야. 진짜 성질이라면 언제든지 나타낼 수 있는 법! 이에 대해 잘 생각해보게나."

그후 젊은이는 급하고 거칠고 툭하면 화를 내는 가짜 성질로부터 해탈하였다.

거듭 이야기하건대, 진에는 '나'에 대한 사랑, '나'의 뜻에 맞지 않을 때 불끈 일어나는 것일 뿐, 참된 실체를 갖추고 있는 것이 아니다. 그러므로 이 진에의 실체를 정확히 파악하여 고요한 마음을 이루게 되면, 행복과 자유가 급속도로 '나'에게 다가오게 되어 있는 것이다.

참으로 '나'를 사랑하는 이라면 진에의 무서운 독기운을 어찌 감히 안팎으로 내뿜을 수 있으리. 성 안내는 그 얼굴과 부드러운 말 한마디! 이것이 행복과 해탈의 문을 여는 열쇠라는 것을 명심하고 끊임없이 '나'의 마음을 다스리면, 언젠가는 해탈과 행복의 문이 저절로 열리게 되는 것이다.

도거개(掉擧蓋)

도거(掉擧)는 공연히 들뜨고 소란스러운 정신상태를 가리킨다. 곧 번뇌망상 때문에 안정을 얻지 못하고 산란하게 살아가는 것을 말한다.

우리는 이 세상을 살아가면서 좋고 궂고, 옳고 그르고, 아름답고 추하고를 끊임없이 분별하며 살아간다. 지금 '나'에게 진정으로 필요한 것이 무엇인가를 잊은 채, 공연히 이 일 저 일에 관심을 갖고 시비를 논하며 살아가는 것이다.

하지만 이와같은 분별과 시비는 내 인생의 행복과 해탈에 조그마한 도움도 되지 못한다. 세상사를 분별하고 시비를 논하며 살다 보면 우리의 일은 끝이 없어지고, 안정을 얻지 못한 채 끝없이 비틀거리며 살아가게 되는 것이다.

히말라야의 설산(雪山)에는 '실단'이라는 집없는 새가 살고 있다. 낮이 되면 실단새는 따스한 햇볕을 받으며 이 가지 저 가지를 옮겨다니면서 즐겁게 놀지만, 밤만 되면 오돌오돌 추위에 떨면서 결심을 한다.

"아이 추워. 내일은 반드시 집을 지어 따뜻하게 잠을 자야지."

그러나 날이 밝으면 간밤의 고생과 다짐을 모두 잊어버리고, 다시 노래하고 과일을 따먹으며 노는 데 정신이

팔려 하루를 보낸다. 그리고 또 밤이 되면 어김없이 스스로에게 다짐을 한다.

"내일은 놀지 말고 일어나자마자 집부터 지어야겠다. 바닥은 단단한 것으로 하고 벽은 길상초로 바르고 지붕은 커다란 잎으로 잘 덮어서 좋은 집을 지으리라. 그럼 이 추위의 고통은 면하겠지."

하지만 아침이 되면 다시 어제와 똑같이 반복된 생활을 하기 때문에, 실단새는 평생동안 집 한번 지어보지 못하고 죽음을 맞이한다.

우리의 인생도 이 실단새의 삶과 별로 다를 바가 없다. 괴로움이 찾아들면 이 한 고비 넘긴 다음 멋있고 튼튼하고 안락한 '집'을 만들어 살겠다는 결심을 하면서도, 그 고비를 넘기면 다시 바깥 경계를 좇아 정신없이 살다가 죽어가는 것이 우리네 인생이다.

그럼 이와같은 인생의 책임은 누구에게 있는가? 하느님에게 있는가? 부처님에게 있는가? 부모에게 있는가? 아니다. 오직 '나'의 책임일 뿐이다. '나'의 번뇌가 '나' 스스로를 흔들어 무상한 이 세상의 삶을 살게 된 것이다.

우리가 살고 있는 세상의 일 또한 마찬가지이다. 세상의 일은 무엇이 만들어낸 것인가? 바로 중생의 번뇌가 만든 것이다. 그러므로 세상의 일은 끝이 없고, 끝없는 번뇌가 만들어낸 세속의 일이기에 중생들은 쉽게 놓아버리지 못한다. 오히려 이런 저런 잔꾀를 내어 끝없이 계획하고 일을 저질러버린다.

한 예로 본분에 충실하고 일을 열심히 하던 사람도 돈이 생기면, '이것으로 무엇을 하고 어떻게 쓸까' 하면서 끝없는 궁리를 펴게 된다. 평소 '돈을 벌면 멋있게 보시하리라' 결심했던 사람도, 돈이 다소 모이고 나면 '이 돈을 한번 굴려 더 큰 돈으로 만들어서 보시해야지' 하는 경우가 대부분이다.

번뇌의 일종인 '꾀'는 간사하기 그지없어서, 아무리 '이 것만 하고 ~을 해야지' 하고 결심해 보아도 꾀에게는 당해내지를 못하는 것이다. 그러므로 정말로 하고자 한다면 지금부터 시작하여야 한다.

특히 도거, 곧 번뇌망상을 잠재우는 일은 지금 이 자리에서 바로 시작해야 한다. 일어나는 번뇌망상을 좇아가지 말고 마음의 고삐를 잡아 본분으로 돌아가서 살아야 한다.

한 승려가 도를 닦기 위해 산속으로 들어가 참선을 하였다. 그러나 참선을 하기 위해 앉기만 하면 어찌나 번뇌망상이 들끓는지 견딜 수가 없었다. 지난날 세속에서의 아득한 경험까지 되살아나 고요한 마음을 흔들어 놓는 것이다.

그러던 어느 날, 한 나무꾼이 그 산으로 나무를 하러 왔다. 나무꾼은 톱으로 나무의 밑둥을 슥슥슥 자른 다음, 나무가 쓰러지자 밧줄을 나무 몸통에 묶어 끌고 가려 하였다. 그런데 나뭇가지가 여기 걸리고 저기 걸려 잘 끌려가지 않았다. 나무꾼은 조금도 미련없이 도끼로 나뭇가지들을 다 잘라버렸다. 그러자 둥치만 남은 나무가 나무꾼이 이끄는 대로 줄줄줄 잘 끌려가는 것이었다.

이 모습을 지켜본 스님은 무릎을 쳤다.

"옳거니! 바로 저것이구나. 번뇌망상의 가지에 대한 집착부터 끊어버려야 한다. 여기저기 걸리는 번뇌망상의 가지를 일일이 다스리려 하면 어느 세월에 도를 이룰 수 있겠는가? 이제까지 나는 일어나는 번뇌망상에 대해 지나치게 집착을 하고 있었다. 하지만 미련하게 좇아가지 않으면 번뇌망상은 저절로 사라지게 되어 있는 법! 오직 원둥치에 마음을 모아 일심정진해야 한다."

그 뒤 스님은 원둥치를 잡고 공부하여 도를 깨닫게 되었다.

누구든 행복과 해탈을 '나'의 것으로 만들기를 원하면,

무엇보다 먼저 지금 이 자리에서 본분으로 돌아가 정진해야 한다. 불자는 불자의 길로, 아버지는 아버지의 위치로, 주부는 주부의 자리로, 승려는 승려의 본분인 도 닦는 일과 중생교화의 본분으로 돌아가 정진해야 한다.

본분의 정진을 통하여 번뇌망상의 도거개(掉擧蓋), 가만히 있는 것을 공연히 뒤흔들어 스스로의 참모습을 가리우는 이 도거개를 벗겨버려야 한다. 이 도거개를 벗겨버릴 때 행복과 해탈은 저절로 '나'의 것이 되는 것이다.

의법개(疑法蓋)

번뇌망상으로 인해 마음이 흔들리면 공연히 의심이 샘솟아 법에 대한 믿음이 사라지게 된다. 이것이 의법개이다.

믿음이 사라지면 그때부터 인간은 괴롭다. 방황하기 시작하는 것이다. 따라서 불자라면 누구나 부처님에 대한 확고한 믿음 속에서 살아야 한다. 그러나 정신력이 약한 우리는 너무나 쉽게 흔들린다. 조금만 힘들면 의심부터 일으킨다.

'내가 이것을 하여 과연 행복해질 수 있을까?'

'내가 하는 수행으로 해탈을 이룰 수 있을까?'

'극락 갈 수 있다 하여 염불을 하긴 하는데, 과연 극락

이 있기는 있는 것인가?'

 바로 이 의심이 문제이다. 부처님의 말씀을 굳게 믿고 한결같이 나아가면 먹구름이 차츰 걷히게 되어 있는데, 스스로 의심을 함으로써 더욱 짙은 먹구름을 일으켜 태양을 가리워버린다.

 우리 모두 인도의 갠지스 강변으로 옮겨가 인도인을 잠깐 살펴보자.

 갠지스 강물은 뿌옇고 탁한 구정물이다. 그런데도 인도인들은 갠지스 강물을 모든 죄와 업을 씻어주는 성수(聖水)로 인식하고 있다. 인도인들은 갠지스 강에 가서 그 물에 목욕하고 그 물을 마시는 것을 일평생의 소원으로 여긴다.

 특히 죽을 때가 된 사람은 자신의 시신(屍身)을 갠지스 강에 묻고자 강가에 와서 조용히 염불하며 지낸다. 그러다가 마침내 죽고 나면 사람들은 그 시체를 베로 둘둘 말아 대충 화장을 한 다음, 돌이나 쇠 같은 것을 시체에 매달아 갠지스 강에 던져버리는 것이다.

 그런 식의 수장(水葬)이 하루에도 수십 수백 구씩 이루어지기 때문에 갠지스 강가에 가면 하루종일 연기를 볼 수가 있다. 그리고 시체에 돌을 잘 묶지 않았거나 오래된 시체들은 둥둥 뜨는 경우가 있다. 그 시체를 개가 뜯어먹기도 하고 새가 쪼아먹기도 한다. 이로써 볼 때 갠지스 강물이 얼마나 더럽고 병균이 득실득실할지 충분히 상상이 가는 일이다.

그런데도 인도 사람들은 하나같이 그 물을 벌컥벌컥 마신다. 수만 리 먼 곳에서 찾아와 그 물을 온몸에 덮어쓰면서 기도하고 마시고, 돌아갈 때는 준비해 온 좋은 항아리에 강물을 가득 담아 돌아간다.

그것을 자기 집에 보물단지처럼 모셔놓고 식구들이 배 아플 때도 한 숟갈, 머리 아플 때도 한 숟갈씩 먹는다. 넘어져서 상처가 나도 그 물 한 방울을 발라주면 깨끗이 낫는다는 것이다. 갠지스 강물은 그야말로 인도 사람들에게 있어서는 보약 중의 보약이요 천하의 제일가는 명약이 되고 있다.

과학적으로 생각하면 오염된 갠지스 강물을 마시고 병이 낫는다는 것은 있을 수 없는 일이다. 그러나 인도에서는 그와같은 비과학적인 일이 너무나 당연하게 일어나고 있다. 왜 그것이 가능한가? 그것은 바로 수천 년 동안 이어져 내려온 인도인의 믿음 때문이요, 아울러 사람의 정신력, 믿음의 힘이 얼마나 강하고 무서운 것인가를 깨우쳐주고 있다.

우리 불자들도 부처님의 법에 대한 철저한 믿음을 가지고 불자답게 생활하고 불자답게 수행하여야 한다. 불법을 의심하면서 불교를 믿으면 해탈이나 행복은커녕, 끝없는 방황과 불행만이 함께할 뿐이다.

결국 나약함 속에서 일으키는 의심은 스스로를 그렇게 되게끔 만들어버린다. 갈등하지 않으면 아무 일 없을 것을, 생각의 지배를 받는 존재가 인간이기에 한 생각 의심을 일으켜 불행 속으로 빠져드는 것이다.

굳건히 부처님을 믿고 불법을 믿으라. 부처님께서는 당신의 명예나 행복을 위해 불법을 이 세상에 편 것이 아니다. 오로지 우리 중생들의 행복과 해탈을 위해 진리를 설파하신 것이다.

어찌 깨달은 부처님께서 미혹한 중생을 속일까 보냐? 조금도 의심 말고 굳건한 믿음으로 나아가라. 행복과 해탈이 틀림없이 '나'의 것이 되게끔 되어 있으니…….

혼수개(惛睡蓋)

혼수개의 '혼수'는 흐리멍텅한 상태의 혼침(惛沈)과 수면(睡眠)을 합하여 만든 단어이다.

불교집안에서는 불법수행을 하는 사람이 가장 경계해

야 할 것으로 혼침을 들고 있다. 사람들은 의욕을 상실하면 흐리멍텅해지고, 흐리멍텅한 혼침은 연이어 졸음(수면, 잠)을 불러들인다.

　졸음은 맛이 좋다. 하지만 이 졸음에 맛을 붙이면 칠흑같이 어두운 귀신굴에 빠져 영영 헤어날 수 없게 되어버린다. 혼침과 졸음이 심하면 무기공(無記空), 곧 넋이 빠진 무기력한 상태에까지 빠져들게 되는 것이다. 먼저 부처님 당시의 고사 한 편을 음미해보자.

　옛날, 인도의 마갈타국에서는 왕궁을 짓기 위해 터를 닦다가 큰 유리독 하나를 발견하였다. 그런데 유리독은 어느 한 곳도 트여있지 않아, 그 속에 무엇이 들었는지를 알 수가 없었다. 왕은 톱으로 켜 보는 수밖에 없다는 결론을 내리고, 사람들로 하여금 박을 타듯이 한쪽 끝을 조심조심 자르도록 하였다.

　막상 켜 보니 그 속에는 머리가 한없이 긴 사람이 앉아 있었고, 자세히 살펴보니 유리막은 그 사람의 손톱·발톱이 자라서 만들어낸 것이었다. 왕은 그를 흔들어 깨우도록 하였고, 그때서야 일어난 그는 이상한 듯이 주위를 두리번거리다가 물었다.

"여기가 어디입니까?"

"이곳은 마갈타국의 왕궁을 지을 장소요. 도대체 그대는 어디서 왔는가?"

"저는 비바시불(毘婆尸佛)을 가까이 모시고 정진하는 승려입니다."

이 말에 왕은 깜짝 놀랐다. 비바시불은 과거칠불(七佛) 중 첫번째 부처님으로, 91겁(劫) 전에 사셨던 분이었기 때문이다. 자세한 사정을 물었으나 그는 좌선을 하고 있었다는 사실밖에 알지를 못하였다. 이에 부처님께 그 연유를 묻자 부처님은 이렇게 말씀하셨다.

"그는 비바시불 당시에 선정을 닦다가 무기공(無記空)의 상태에 들어갔느니라. 이렇게 몇 달 동안 먹지도 움직이지도 않고 있었는데, 갑자기 산사태가 일어나 그를 묻어버린 것이다. 그렇지만 그는 무기공에 너무나 깊이 빠져 있었으므로 아직까지 죽지 않게 된 것이니라."

이처럼 혼침에 빠져 졸음을 깊이 즐기다 보면, 개구리나 뱀이 몇 달 동안 아무 것도 먹지 않고 겨울잠을 자는 것처럼, 무기공에 빠져드는 경우가 있다. 얼른 생각하면 이 무기공이 대단한 것처럼 느껴질 수도 있으나, 이것은 수행 중의 가장 큰 장애일 따름이다.

불법수행을 하는 자는 결코 흐리멍텅한 상태에 빠져 살아서는 안 된다. 흐리멍텅한 상태에 빠져 살면 자기 한 몸도 구제할 수 없게 되기 때문이다. 그러므로 불법공부를 하여 해탈과 행복을 얻고자 하는 이는 또렷또렷함을 생명으로 삼아야 한다. 어느 때나 정신을 집중시켜 또렷또렷하게 깨어있고자 노력해야 하며, 그 노력 자체가 불법수행이라는 것을 잊어서는 안 된다.

또 한 가지 이 '혼수개' 속에 담긴 뜻은 자포자기요 게으름이다.

탐욕과 진에에 빠져 산란한 마음으로 진리마저 의심하며 사는 사람은 노력 없이 되는대로 사는 경우가 많다. 행복과 해탈을 향한 향상의 길로 나아가겠다는 의지마저 팽개친 채, 지난 세월동안 지어놓은 복만을 까먹으며 사는 것이다.

결국 복이 다하면 불행이 엄습하고, 타락의 삶은 지옥을 만들어 그를 감옥 속에 가두어버린다는 것을 잊은 채…….

우리는 깨어나야 한다. 맑은 정신으로 살아야 한다. 술에 취한 듯, 환각상태에 빠진 듯 몽롱하게 살아서는 안 된다. 흐리멍텅 정신없이 흘러다니며 사는 존재가 아니라, 깨어있는 삶을 살면서 스스로가 세운 행복과 해탈의 원을 이룩하고자 노력하는 불자가 되어야 한다.

지금까지 우리는 불법수행을 방해하고 행복과 해탈을 막는 탐욕개·진에개·도거개·의법개·혼수개에 대해 함께 살펴보았다. 이제는 스스로를 살펴보기 바란다. 과연 '나'는 이 다섯 가지 덮개 중 어떤 것을 덮어쓴 채 살고 있는가? 만약 몇 겹의 덮개를 쓰고 있다면 무엇이 두텁고 무엇이 엷은가를 점검해보아야 한다. 그리고 그 덮개를 제거하는 작업을 과감히 시행하여야 한다.

내가 가만히 있으면 그 누구도 행복과 해탈을 막는 덮개를 벗겨줄 자가 없다. 오직 '나'의 의지와 '나'의 노력만이 이들 덮개를 벗길 수가 있다.

행복과 해탈의 기운을 차단하는 오개장(五蓋障)! 이 다섯 가지 덮개만 벗겨버리면 행복과 해탈은 그대로 '나'의 것이 된다. 부디 마음을 잘 다스리고 노력하여 좋은 결과를 이루기를 축원드리면서, 장을 달리하여 불교의 4대 수행법인 참선·염불·간경·주력에 대해 함께 살펴보고자 한다.

II. 참선과 염불

참선과 염불

　백천삼매돈훈수(百千三昧頓熏修)! 불법을 수행하여 해탈하는 길에 백천 가지 삼매법문이 있다고 하지만, 이를 큰 가닥으로 잡아 이야기하면 참선(參禪)·염불(念佛)·간경(看經)·주력(呪力)의 네 가지 수행으로 압축할 수 있다.
　서울 장안에 들어가려고 하면 동대문·남대문·서대문·북대문 중 어느 문이든 통과해야 하는 것과 같이, 부처님이 계신 열반의 궁전으로 들어가기를 원하는 자는 이 네 가지 수행법 가운데 하나를 택하여 부지런히 밀고 나아가면 마침내 불국(佛國)의 성문 안으로 들어갈 수 있게 된다.

격외향상(格外向上)의 참선문

4대문 가운데 남대문에 해당하는 참선문(參禪門)은 일반적으로 격외향상문(格外向上門)이라고 한다. 대부분의 수행이 한 계단 한 계단씩을 밟아 위로 올라가는 것임에 비해, 참선을 하게 되면 단번에 최상의 경지까지 올라갈 수 있다고 하여 '격외의 향상문'이라는 이름을 갖게 된 것이다.

이 참선법은 '내 마음을 가지고 내 마음을 잡는 방법'이다.

우리 자신을 자동차에 비유하면, 몸뚱이는 자동차 차체와 마찬가지요 마음자리는 운전사와 같은 것이다. 곧 운전사가 참된 '나'이지, 자동차와 같은 이 몸은 껍데기에 불과하다. 자동차를 생각해 보라. 공장에서 갓 나올 때는 윤이 나고 성하지만, 시간이 지나면 고물이 되기 시작하고, 오래 사용하여 말을 잘 듣지 않게 되면 폐차를 해야 한다.

이 몸뚱이도 총각·처녀 시절에는 잘나고 예쁘다고 큰

소리치고 다니지만, 늙어지면 별 수가 없다. 늙고 병들어 수명이 다하면 버려야지, 뾰족한 방법이 없는 것이다.

그렇다면 불법(佛法)이란 무엇인가? 껍데기인 자동차가 아니라 운전사인 마음자리를 찾는 것이 불법이다. 곧 부처님께서 일평생 동안 설하신 것이 모두 이 마음자리를 찾게끔 이끄는 가르침이었다. 이에 비해 참선법은 자기 마음으로 자기의 마음자리를 직접 찾아나서는 수행법이다.

참선은 중국에서 확립된 부처님 설법 밖의 수행법으로, 간화선(看話禪)과 묵조선(默照禪)이라는 두 개의 큰 가닥이 있다. 묵조선은 묵묵히 자기 마음자리를 돌아보는 수행법이고, 간화선은 화두에 의지하여 닦는 선법으로, 달리 화두선(話頭禪)이라고도 한다. 우리나라에서는 전통적으로 이 간화선법을 채택하고 있으며, 지금 우리가 함께 공부해 보고자 하는 것도 바로 이 화두선법이다.

그렇다면 화두(話頭)란 무엇인가?

화두의 '話'는 '말씀 화(話)'자로서 '말'이라는 뜻이고, '頭'는 '머리 두(頭)'자로 '앞서간다'는 뜻을 지니고 있다. 따라서 화두는 '말보다 앞서가는 것', '언어 이전의 소식'이라는 뜻을 지닌 말이다.

흔히 책의 머리말을 '서두(序頭)'라고 하듯이, 참된 도를 밝힌 말 이전의 서두, 언어 이전의 소식이 화두이며,

언어 이전의 내 마음을 스스로 잡는 방법을 일러 화두법(話頭法)이라고 하는 것이다.

이 화두는 달리 공안(公案)이라고 한다. 공안의 '公'은 '공중(公衆)', '누구든지'라는 뜻이고, '案'은 곧 '방안'이다. 따라서 공안은 '누구든지 이대로만 하면 성불할 수 있는 방안이 된다'는 뜻을 지니고 있다. 불교를 믿든 믿지 않든, 복이 있는 사람이든 없는 사람이든, 누구든지 이 방법대로만 하면 성불할 수 있다는 것이다.

참된 도는 말에 있는 것이 아니다. 참된 도는 언어 이전의 자리로 돌아가야 계합할 수 있다.

그래서 부처님께서는 열반에 들기 직전에 백만억 대중을 모아놓고 말씀하셨다.

내가 녹야원에서 시작하여
이 발제하(跋提河)에 이르기까지
일찍이 한 글자도 설한 바가 없다
   始從鹿野苑
   終至跋提河
   未曾說一字

바로 평생을 설하신 팔만 사천 법문이 방편이요, 약방

문이라고 선언하셨던 것이다.

이것이 병을 낫게 하는 방법이기는 하지만
약방문이 병을 고치는 약은 아니니라
불이라고 말하여도 입이 타는 것이 아니듯이
　　此是濟世之醫方
　　　非療病之良藥
　　道火未曾燒却口

아무리 약방문이 많다고 할지라도, 그 약방문만으로 병을 낫게 할 수는 없다. 약방문을 보고 자기 병에 맞는 약을 지어 먹을 때에만 병은 낫게 되는 것이다. 설혹 팔만대장경을 다 외웠다 할지라도 그것은 약방문을 외운 것일 뿐, 약 자체는 아니다. 하지만 약방문을 모르더라도 약만 먹으면 병은 나을 수 있다. 그 약이 바로 언어 이전의 화두이며, 화두를 참구하는 참선수행법이 그 약을 먹는 일인 것이다.

이제 화두 한 가지를 예로 들어보자.

중국 당나라 때의 조주선사(趙州禪師, 778~897)가 동관

원(東觀院)에 있을 때의 일이다. 젊은 수행승 문원(文遠)이 개를 안고 와서 조주선사께 여쭈었다.

"개에게도 불성이 있습니까, 없습니까?"

"없다[無]."

이것이 화두이다. 부처님께서는 "일체 중생에게는 불성이 있다[一切衆生 悉有佛性]."고 하셨다. 그렇다면 개에게는 틀림없이 불성이 있고, 불성이 있기 때문에 살아 움직이는 것이다. 그런데 조주선사는 단 한마디 '無'라는 답을 주었을 뿐이다.

그렇다고 조주선사가 엉뚱한 답을 주신 것은 아니다. 조주선사의 깨달은 경지에서 곧바로 말씀하신 것이요, 언어 이전의 참된 답을 일러주신 것이다. 따라서 그 누구라도 조주선사께서 '무'라고 하신 까닭을 확실히 알면 그는 조주선사와 같은 경지에 이르게 된다. 곧 조주선사와 하나가 되어 대오(大悟)를 하는 것이다.

그러나 대부분의 사람들은 조주선사께서 '무'라고 하신 까닭을 이해하지 못한다. 그러므로 화두법에 의지하여 가장 정확한 답을 얻어야 한다. 머리를 굴려서 얻는 해답으로는 안 된다. 철두철미하게 의심하고, 의심의 삼매 속에 들어가 해답을 얻어야 한다.

"부처님께서는 일체 중생에게 다 불성이 있다고 하였는데, 조주선사는 어째서 '무'라고 하였는가?"

"틀림없이 개에게는 불성이 있는데, 왜 조주선사는 '무'라고 하였는가?"

"왜 '무'라고 하였는가?"

"왜 '무'인가?"

"무?"

"?"

이와같은 '?', 이와같은 끊임없는 물음 속에서 대의단(大疑端)을 갖는 것, 크나큰 의심을 일으키는 것을 화두라고 한다.

그렇다면 이 화두는 어떻게 들어야 하는가? 참선 공부를 하는 사람은 이것을 매우 궁금하게 여긴다. 그러나 화두 드는 법에는 특별한 요령이 없다.

'일념으로 간절히 참구(參究)하는 것!' 이 방법 외에는 별다른 요령이 없다. '간절 절(切)!' 이것이야말로 화두법문·참선법문의 가장 요긴한 방법이다.

간절한 일념으로 크게 의심을 일으켜서 꾸준히 나아가는 것이 화두법의 가장 요긴한 점이요, 크게 의심하는 가운데 큰 깨달음을 얻게 되는 것이다. 실로 '진흙이 크면 부처가 크고, 물이 높으면 배가 높이 뜬다'는 속담과 같이, 의심이 간절하면 간절할수록 큰 깨달음이 있게 되는 것이다.

그러나 보통 사람들이 막상 화두를 잡고 있으면 쉽게 화두에 집중하지 못한다. 마치 놋젓가락을 가지고 계란을 잡으려고 할 때 요리조리 미끄러지고 빠져나가듯이, 화두는 자꾸 달아나고 번뇌망상이 자꾸만 스며드는 것이다.

그렇다고 하여 포기해서는 물론 안 된다. 오히려 화두가 잘 되지 않으면 '송(誦)'이라도 해야 한다. 부처님 명호를 외우듯이 속으로 화두를 외우는 송화두(誦話頭)를 꾸준히 하다보면 자기도 모르는 사이에 '생각 염(念)'자의 염화두(念話頭)가 된다.

우리는 흔히 '염불을 한다'고 하면 목탁을 두드리며 부처님 명호를 부르는 것으로 생각하지만, 그것은 구불(口佛)이지 염불(念佛)이 아니다. 염불은 입으로 하는 것이 아니라 마음으로 부처님을 생각하는 것이다. 그러므로 입으로 꾸준히 하다 보면 '생각 염(念)'자 염불이 이루어지게 된다.

이와같이 마음속으로 송화두를 꾸준히 하다 보면, 굳이 입으로 하지 않아도 목구멍 속에서 화두가 저절로 흘러나오게 되고, 그것이 계속되면 마침내는 염화두가 되는 것이다. 이렇게 송화두·염화두를 놓치지 않고 계속하게 되면, 일을 하면서도 말을 하면서도 화두가 또렷하게 들리는 **간화두(看話頭)**가 되는 것이다.

간화두가 되었을 때 거듭 대용맹심을 촉발(觸發)하면 홀연히 참 의심[眞疑]이 발기(發起)되어, 산을 보아도 산이 아니요 물을 보아도 물이 아닌 대무심(大無心)에 들게 되는데, 비로소 이를 참선화두(參禪話頭)라 하는 것이다. 참화두(參話頭)만 되면 깨침은 진정 멀지 않은 곳에 있다.

참화두! 어떤 것이 진짜 참선인가?

화두가 또렷이 잡혀서 놓아지지 않는 경지, 밤이나 낮이나 잠을 자나 꿈을 꾸나 항상 참화두가 되는 경지가 진짜 참선의 경지이다. 그와같은 참화두의 경지에 이르면 누구나 7일을 넘기지 않고 확철대오하게 된다.

정녕, 참선수행에 있어 가장 중요한 것은 간절한 의심이다. 화두에는 좋은 화두, 나쁜 화두가 따로 없다. 초점은 의심이다. 간절히 의심을 일으켜 화두를 잡는 것이 최상이다. 의심하고 또 의심할 때 모든 문제는 저절로 사라진다. 의심하고 또 의심하여 삼매에 이르면 저절로 깨달음의 문이 열리게 된다.

여기까지 읽은 불자들은 생각할 것이다.

'이렇게 어려운 참선을 내가 어떻게 할 수 있을까? 차라리 시작하지 않는 것이 좋을 것이다.'

그러나 하지 않는 것보다는 하는 것이 좋다. 왜냐하면 참선이야말로 자기의 힘으로 자기의 참생명, 참된 주인공을 찾는 공부이기 때문이다.

그리고 무엇보다 중요한 것은 꾸준히 하는 것이다. 하루에 30분씩이라도 꾸준히 참선을 하게 되면 마음이 고요해지고 밝아지게 되어, 집중력이 높아지고 판단력이 빨라져서 생활 또한 보다 윤택하게 꾸려갈 수 있게 된다. 곧 참선할 때의 집중력이 생활에 그대로 응용되어 갖가지 좋은 일을 이루어낼 수 있는 것이다.

부디 능력껏 참선공부를 행하여 자기의 참생명을 밝혀보기 바란다.

염불왕생문(念佛往生門)

두 번째의 염불왕생문은 염불을 하여 정토(淨土)에 왕생을 하는 수행방법으로, 서대문에 해당한다.

이 염불수행법이 크게 발달한 것은 중국 진나라 때부터이다. 혜원(慧遠, 334~416) 법사가 백련사(白蓮社)를 조직하여 염불수행을 적극 권유함으로써 크게 유행하게 된 것이다.

 그러나 부처님 당시에도 예배하고 기도하는 수행방법이 없었던 것은 아니다. 부처님을 지극히 생각하고 염불하는 길도 있었고, 소원이 이루어지지 않을 때 지극정성으로 기도하기도 하였던 것이다.

 특히 ≪십육관경≫에는 염불수행법이 생겨나게 된 까닭과 부처님께서 가르쳐주신 극락왕생 염불법이 자세히 설하여져 있다. 이는 염불수행법의 지침이 되는 매우 중요한 가르침이다. 마음에 깊이 새겨 좋은 결실을 맺도록 하기 바란다.

 석가모니 부처님의 80년 생애 끝무렵이 가까웠을 때의 일이다. 마갈타국의 아자아타 태자는 데바닷타의 간교한 꼬임에 빠져 부왕인 빔비사아라 왕을 몰아내고 왕위를 찬탈하였다. 뿐만 아니라 부왕을 옥에 가두고 굶겨 죽이기 위해 외부인의 출입을 금지하고 음식물을 들이지 못하게 하였다.

 그러나 빔비사아라 왕의 부인 바이데히이는 몸을 깨끗이 씻은 후 볶은 찹쌀가루를 벌꿀로 버무려서 몸에 바르고 감옥으로 들어가, 찹쌀가루를 먹임으로써 왕의 주림을 면하게 하였다. 이 사실을 안 아자아타는 분노하여 어머니를 죽이려 하였으나, 중신들의 간곡한 만류로 궁에 감금하고 출입을 못하게 감시하였다.

바이데히이 부인은 분함과 억울함을 참으며, 슬픔과 탄식 속에서 부처님이 계신 깃자쿠우타산을 바라보며 부처님 뵈옵기를 간절히 기원하였다. 빗방울같은 눈물을 흘리며 절을 드리고 있을 때 부처님은 신통으로 부인 앞에 모습을 나타내었고, 부인은 부처님 앞에서 흐느껴 울며 가르침을 청하였다.

"부처님이시여. 저는 무슨 죄보로 이와같은 불효 악자(惡子)를 낳게 되었나이까? 저는 이 천박하고 악독한 세상이 싫어졌습니다. 이 세상은 지옥·아귀·축생이 꽉 차 있는 좋지 못한 세상입니다. 청컨대, 저에게 깨끗한 세계를 보여 주시옵소서."

이에 부처님은 백호(白毫) 광명을 뿜어 시방(十方)의 모든 부처님 정토(淨土)를 남김없이 보여주셨다. 그 하나하나의 세계는 모두 깨끗하고 아름답기 그지없었으나, 부인은 아미타 부처님이 계시는 극락세계가 가장 좋다고 하며, 극락에 왕생할 수 있는 길을 가르쳐 줄 것을 간청하였다. 이에 부처님은 말씀하셨다.

아미타불은 여기서 멀지 않은 곳에 계시므로 아미타불

의 모습을 마음으로 생각하고 극락세계를 주야로 생각하며 세 가지 복업을 닦을 것을…….

그리고 그 세 가지 복업이 ① 자비심을 깊이 가지고 10선(善)을 닦을 것, ② 삼보에 귀의하고 계행(戒行)을 지킬 것, ③ 인과의 이치를 믿고 경전을 읽으며 사람들에게도 닦을 것을 전하는 것임을 강조하셨다.

이때 관세음보살과 대세지보살을 좌우에 거느린 아미타불이 모습을 나타내어 기뻐하는 대중들에게 석가모니불의 말씀이 옳음을 증명해 보이셨고, 석가모니불께서는 극락왕생을 위해서 미타염불로 정진할 후인들을 생각하여 그 염불법을 조용히 일러주셨다.

"바이데히이여, 저 부처님을 주야로 생각하라. 저 부처님의 몸은 법계(法界)에 가득 차 있기 때문에 모든 사람의 마음 가운데에도 들어가 계신다. 그러므로 저 부처님을 생각할 때의 그 마음은 진실로 원만한 상호(相好)를 갖춘 부처인 것이다. 마음이 곧 부처요, 부처가 곧 마음이란 것은 이를 두고 한 말이다.

너희의 마음이 부처를 생각하면 그 마음 그대로가 부처가 아니냐? 그러므로 너희들이 아미타불을 일심으로 지극히 생각하면 모든 공덕을 이루게 되는 것이다……. 만일 어떤 사람이 아미타불의 이름을 듣기만 하여도 끝없는 무명번뇌의 미혹에 들어가는 죄를 제하게 되리니, 생각하고 잊지 아니하는 이의 공덕은 말할 것 없다. 염불하는 사람은 사람 가운데서 깨끗한 연꽃이라. 관세음보살과 대세지보살은 그의 벗이 되고, 마침내는 극락정토에 가서 나게 되리라."

    왕후 바이데히이는 풍족과 행복의 상징이었다. 그러나 바꿀 수 없는 인과의 수레바퀴 속에서 피붙이의 손에 수모와 목숨까지 걸어야 하는 비운의 여인이 되어야 했고, 급기야는 이 세상의 추악한 존재 양상에까지 거부감을 갖게 되었다. 바로 그러한 때에 부처님의 자비 아래 선택한 정토가 극락이요, 아미타 염불법이다.

    물론 염불을 한다고 하여 꼭 '아미타불'만을 염하여야 한다는 것은 아니다. 허약한 이라면 약사여래를 외워도 좋고, 현세의 행복이 급하면 관세음보살을, 먼저 가신 분들을 천도하고 싶으면 지장보살을, 지혜를 이루고자 하면 비로자나불이나 문수보살을 염하여도 좋다.

    실로 예로부터 전래되는 염불법은 수없이 많다. 입으로만 아미타부처님의 명호를 부르는 칭명염불(稱名念佛)이 있는가 하면, 고요히 앉아 부처님의 형상을 관념(觀念)하는 관상염불(觀相念佛)도 있고, 일체만유의 진실한 자성(自性)인 법신(法身)을 관하는 실상염불(實相念佛)도 있다.

그리고 좌선할 때처럼 고요히 앉아서 부처님을 생각하는 정업염불(定業念佛)과, 가나 있으나 앉으나 누우나 한결같이 염불하는 산업염불(散業念佛)도 있으며, 더러운 세계를 싫어하여 정토에 왕생하기를 구하며 염불하는 유상업염불(有相業念佛)이 있는가 하면, 비록 염불하여 정토를 구하나 자기 몸이 곧 정토라고 보는 무상업염불(無相業念佛)도 있다.

내가 불자들에게 많이 권하는 것은 한숨에 108번 불보살의 명호를 외우는 염불법이다. 이 108염불법은 어떻게 하는가?

먼저 허리를 쭉 펴서 심호흡을 세 번 이상 하고 숨을 깊이 들이킨 다음, 꽉 찬 숨을 아껴서 한 번의 숨을 다 내쉬는 동안 아미타불이나 관세음보살·지장보살 등을 108번 부르는 것이다(이하 관세음보살로 통일함). 이때 108염주를 쥐고 있다가 한번 염불할 때마다 한 알씩 돌리면 된다.

왜 한 숨에 108번을 부르라는 것인가? 천천히 부르면 잡념이 많이 생기지만, 한 숨에 아주 빨리 108번을 부르면 집중이 잘 되고, 간절한 마음이 우러나기 때문이다.

처음에는 '관—세음—보—살, 관—세음—보—살' 하면서 천천히 시작하여 서너 번 지나면 점점 빨리 불러, 마침내는 한번 한번 부르는 '관세음보살' 소리가 앞뒤 간격이 없을 만큼 빠르게 불러야 한다. '나'는 관세음보살을 부르고 있지만, 옆에서 듣는 사람은 무슨 소리인지 알아듣지 못할 정도로 빨리!

이렇게 빨리 부르면 능히 한 숨에 108번을 부를 수 있게 된다. 물론 처음에는 30번, 40번밖에 부를 수가 없다. 그렇지만 능력껏 부른 다음, 숨을 깊이 들이키면서 속으로 소원을 세 번씩 기원한다.

그리고 다시 앞의 요령대로 관세음보살을 108번 부르고 기원, 또 108번 부르고 기원……. 이와같이 세 차례 또는 일곱 차례 반복하면 자기 암시가 되어 자신감도 생기고 관세음보살님의 가피를 입어 능히 좋은 결과를 얻을 수 있게 되는 것이다.

나아가 한 숨에 108번 이상을 염할 수 있게 되면, 그는 이미 염불로 인한 염력(念力)이 생긴 자라고 할 수 있다. 그 정도의 염력이 생긴 자라면 참선수행을 하는 것도 좋고, 간경(看經) 수행 쪽으로 방향을 돌려봄도 바람직하다.

또한 사람들 중에는 중병에 걸렸다거나 갑자기 사업이 망할 위기에 처했다거나 뜻하지 않은 재앙에 처하게 되어 염불을 하게 되는 경우가 많다. 이렇게 매우 다급한 경우에 처한 분들의 염불은 결코 한가할 수가 없다. 애가 타고, 애간장이 녹아날 것 같은 이라면 이것저것 생각할 겨를이 없다.

그때는 입으로 불보살의 명호를 염하면서 간절한 마음으로 매달려야 한다. 배고픈 아이가 어머니를 찾듯이, 목마른 이가 물을 찾듯이 불보살님께 간절한 마음을 전하면 능히 소원을 이룰 수 있다.

단, 아주 다급한 소원인만큼 하루 일정 시간, 잠깐이 아니라 앉으나 서나 누우나 끊임없이 불보살을 챙기도록 노력해야 한다.

요즘, 불교계에 기도가 널리 행하여지고 있어 참으로 흐뭇한 점이 없지 않다. 그런데 묘한 것은 너무나 많은 것을 한꺼번에 한다는 점이다. 처음 천수경을 외우고 그 다음 108배를 하고 또 지장경을 읽고 금강경을 읽고, 관세음보살 정근도 한참 동안 하고 그것도 모자라 팔양경까지 읽고…….

물론 이것이 꼭 나쁘다는 것은 아니다. 그러나 이렇게 여러 가지를 함께 하다보면 삼매를 이루기가 용이하지 않다. 오히려 더 간단히 하여 아침에 일어나면 《천수경》을 외우고 그 다음 아미타불·관세음보살·지장보살

중 한 분을 택하여 그분의 명호만 꾸준히 부르는 것이 좋다. 가거나 오거나 일을 하거나, 그분의 명호가 저절로 속에서 흘러나오고 꿈에서도 염불이 되면 마음속의 소원은 꼭 이루어지게끔 되어 있다.

또 꼭 입으로 소리내어 부르지 않아도 된다. 스스로가 믿음의 대상으로 삼은 불보살을 속으로 염하여도 좋고, 마음으로 그 모습을 그려도 무방하다. 그냥 간절히 생각하면 가피가 저절로 찾아들어 다급한 소원을 능히 이루게 되는 것이다.

그리고 이러한 기도의 경우에는 일정한 기간을 정하여 놓고 염불을 해보는 것도 바람직하다. 쉽게 해결될 일이 아니라면 백일을 하나의 기한으로 잡는 것이 좋고, 시간이 급하면 3일 또는 7일을 기한으로 잡는 것도 좋다. 또, 21일, 49일을 하나의 기한으로 잡는 경우도 많다.

이렇게 기한을 정하여 꾸준히 염불을 하다 보면 그 날짜가 다 채워지기도 전에 가피를 입는 듯한 징조를 보는 경우가 많다. 그렇다고 하여 회향일 전에 염불을 그만두지 말고 꾸준히 계속하여 날짜를 채우는 것이 좋다.

또한, 한 번의 기한으로 원을 이루지 못하면 또 한 차례 기한을 정하여 염불하는 것이 좋다.

우리 불자들 중에는 염불기도를 하다가 쉽게 성취를

보지 못하면, "아미타불은 나에게 인연이 없는가 보다. 관세음보살을 부르는 것이 더 좋지 않을까?" 하면서 스스로를 흔드는 경우가 있다. 또 주위의 스님이나 신도가 "당신은 관세음보살보다 산신과 인연이 깊다."고 하면 그만 흔들려 '산왕대신'을 찾는 불자도 있다.

하지만 이럴 때 흔들려서는 안 된다. 오히려 이것이 시련이요 염불을 방해하는 마장(魔障)이 될 수 있으므로, 더욱 지조있게 한 분의 불보살을 찾아야 한다. 바꾸어 말하면 마장이 나타난다는 것은 기도성취가 그만큼 가까워졌음을 시사하는 것이므로, 더욱 마음을 모아 염불해야 한다.

마지막으로 평생 염불을 다짐한 경우에 대해 잠깐 이야기해 보고자 한다.

나의 외증조할머니는 나이 일흔에 '나무아미타불' 염불을 시작하여 여든 여덟의 나이로 돌아가실 때까지 한결같이 염불하였다. 살아 생전에도 가끔씩 신통력을 보였던 외증조할머니가 돌아가시자 정말 기적이 일어났다. 7일장(七日葬)을 지내는 동안 매일같이 방광(放光)을 하는 것이었다.

낮에는 햇빛에 가려 잘 보이지 않았으나, 밤이 되면 그 빛을 본 사람들이 '불이 났다'며 물통을 들고 달려오기를 매일같이 하였다. 그리고 문상객으로 붐비는 집안 역시 불을 켜지 않아도 대낮같이 밝았다.

그야말로 외증조 할머니는 염불을 통하여 아미타부처님의 무량한 빛을 얻었고, 그 기적을 직접 체험한 우리 집안 친가·외가 41인은 모두 승려가 되었다.

한결같은 염불정진! 그 결과는 반드시 우리를 불국정토에 머물 수 있게 한다. 한결같이 염불정진하는 분은 살아서나 죽어서나 부처님과 함께 하는 것이다.

부디 부지런히 염불하여 염불삼매를 이루어 보라. 삼매에 젖어들면 능히 서대문을 통과하여 부처님께서 머무시는 보배궁전 속으로 들어갈 수 있나니…….

III. 간경과 주력

간경과 주력

의교관행(依敎觀行)의 간경

불교의 4대 수행법, 곧 부처님의 궁전으로 들어가는 4대문 가운데 북대문에 해당하는 간경문(看經門)은 일반적으로 의교관행문(依敎觀行門)이라고 한다. 부처님의 가르침인 경전을 보고, 그 경전에 의거하여 관행(觀行)을 닦음으로써 해탈의 경지를 체득하는 수행법이다. 여기에서는 관행법에 대한 구체적인 설명은 생략하고, 경전을 공부하는 간경의 기본요령에 대해서만 살펴보고자 한다.

요즈음 우리 주변에는 《금강경》·《아미타경》·《지장경》·《천수경》·《법화경》 등을 아침저녁으로 열심히 읽는 불자들을 많이 찾아볼 수가 있다. 참으로 바람직한 현상이라 하지 않을 수 없다.

그런데 경전을 독송하는 불자들 중에는 한문으로 된 경전을 한글 음만 취하여 줄줄줄 읽어내려가는 사람이 있다. 물론 이렇게 할 때도 '독경(讀經)' 자체의 공덕이 없지야 않겠지만, 뜻을 새기지 않고 한문의 음(音)만을 외우는 것은 혼백을 잃은 육체와 다를 바가 없는 것이다.

옛 사람들은 한문을 가르칠 때 '글은 글, 나는 나(書者書我者我)가 되어서는 안 된다'는 말씀을 많이 하셨다. 글과 글을 읽는 '나'가 따로 노는 것이 아니라 하나가 되어야 한다는 가르침이다.

그럼 어떻게 경전을 읽어야 하는가?

첫째, 경전 속의 뜻을 새기며 읽어야 한다.
《초심》을 보면 '모름지기 글의 뜻을 관하며 읽어라(須誦文觀意)'는 말씀이 있다. '뜻을 관(觀)한다'고 할 때의 '관'은 경전을 눈으로 보고 입으로 외우는 것을 넘어서서, 마음으로 보고 마음으로 읽고 마음으로 느끼라는 것이다.

간경의 '간(看)' 또한 마찬가지이다. '看'은 곧 '觀'이다. 그냥 보는 것이 아니라, 경전의 내용이 '나'의 마음속에

또렷이 살아 있도록 보는 것, 경의 내용을 '나'의 것으로 만들면서 보는 것이 간경이다.

경전의 내용을 '나'의 것으로 만들며 읽는 것과 뜻을 모른 채 읽는 것과의 차이를 잘 입증하는 대표적인 예는 바로 영가천도를 위한 독경의 경우이다. 특히 요즈음은 승속을 막론하고 영가천도를 위해 어떠한 경을 49일 또는 백일 동안 읽어주는 독경이 널리 행하여지고 있다.

그런데 독경을 할 때 그 경전의 뜻을 새기면서 읽지 않게 되면 그 경전의 내용은 영가에게 전달되지 못한다. 왜냐하면 영가는 소리를 듣지 않고 독경하는 사람의 속마음을 읽기 때문이다. 한 예를 들어보자.

❁

수십 년 전 합천 해인사에서 있었던 일이다. 해인사 강원의 학인(學人)들이 장경각 뒤쪽으로 잣을 따러 갔다. 그런데 그곳의 잣나무는 워낙 키가 커서, 이쪽 나무에 올라갔다가 다시 내려와 다른 나무로 올라가게 되면 힘이 많이 들기 때문에, 잣을 따는 사람들 중에는 이 나무에서 저 나무로 그냥 건너뛰는 일이 많았다.

그날도 많은 학인들이 나무를 건너뛰며 잣을 땄는데, 한 학인이 자칫 실수하여 나무 아래로 떨어지고 말았다.

마침 나무 밑에는 낙엽이 수북이 쌓여 있어 몸은 다치지 않았지만, 호흡은 완전히 끊어지고 말았다.

스스로가 죽었다는 것을 깨닫지 못한 그 학인의 영혼은 잠깐 사이에 속가의 집으로 향하였다. 그러나 속가의 집에 들어서자 식구들이 모두 머리가 아프다며 드러누워 버리는 것이었다. 이상하다고 생각하며 서 있는데, 그 동네의 무당할머니가 바가지에 김치국밥을 풀어서 살살 다가오더니, 머리에 확 덮어씌우고는 칼을 들이대며 소리를 쳤다.

"네 이놈, 객귀(客鬼)야. 어서 나가거라."

그는 깜짝 놀라 뛰쳐나오며 중얼거렸다.

"에잇, 빌어먹을 집. 내 생전에 다시 찾아오나 봐라. 나도 참, 중이 된 몸으로 무엇하러 집에 왔나? 더군다나 사람을 이렇게 푸대접하는 집에."

그리고는 해인사로 돌아와보니, 재(齋)가 있는지 독경하는 소리가 들려오는 것이었다. 그런데 아무래도 그 소리가 이상하여 가까이 다가가서 유심히 들어보니, 목탁을 두드리는 스님은 '은행나무 바리때' 뚝딱뚝딱, '은행나무 바리때' 뚝딱뚝딱 하고 있고, 요령을 흔드는 스님은 '제경행상' 딸랑딸랑, '제경행상' 딸랑딸랑 하고 있었다.

'참 이상한 독경도 다 있구나' 생각하며 열반당(涅槃堂)

간병실로 가보니 자기와 꼭 닮은 사람이 누워있는 것이 었다. 그는 누워있는 사람을 발로 툭 걷어찼고, 순간 그는 다시 살아났다.

다시 살아난 그는 자신을 위해 독경을 해주던 도반스님에게 물었다.

"조금 전에 내가 들으니 너는 '은행나무 바리때'만 찾고, 너는 '제경행상'만 찾던데, 도대체 그것이 무슨 소리냐?"

그러자 독경을 했던 두 도반스님은 매우 부끄러워하며 고백하였다.

"나는 전부터 은행나무로 만든 너의 바리때를 매우 갖고 싶었어. 너의 유품 중에서 그것만은 꼭 가지고 싶다는 생각이 어찌나 강하게 나던지……. 너를 위해 독경을 하면서도 '은행나무 바리때'에 대한 생각을 떨쳐버릴 수가 없었다네. 정말 미안하네."

"나도 역시 그랬다네. 네가 평소에 애지중지하던 ≪제경행상 諸經行相≫이라는 책이 하도 탐이 나서……."

이 이야기는 독경을 할 때 마음을 모아 하지 않고 입으로만 하는 경우, 영가가 어떻게 알아듣게 되는지를 단적으로 드러낸 이야기이다.

모름지기 독경을 할 때는 마음을 잘 모아서 해야 한다. 그야말로 간경(看經)이 되어야 한다. 영가천도를 위한 독경이든 소원성취를 위한 독경이든, 경전을 읽을 때는 경전 속의 내용을 또렷이 새기며 읽어야 한다. 정녕 경전을 마음으로 보고 마음으로 읽고 마음으로 느끼는 간경이 되어야 독경 그 자체가 기도가 되어, 영가를 천도할 수도 있고 소원을 성취할 수도 있는 것이다.

나아가 경전을 마음으로 보면 불경의 뜻, 곧 부처님의 말씀과 '나'는 차츰 하나가 될 수 있고 마침내는 큰 깨달음을 이룰 수 있게 된다는 것을 꼭 명심하기 바란다.

둘째, 경전을 읽다가 뜻을 이해하기 어려운 구절이 있으면 그냥 넘어가지 말고, 꼭 새겨두었다가 스님 등 선지식(善知識)들께 여쭈어 '나'의 것으로 만들어야 한다.

때로는 찾아간 선지식도 모르는 경우가 있을 것이요, 선지식이 올바로 풀이해주어도 스스로의 귀가 어두워 바로 들리지 않을 때가 있다. 그러한 경우라도 포기하지 말고, 그 뜻을 계속 밝히고자 노력해야 한다.

중국 당나라 때에 살았던 이발(李勃)은 책을 많이 읽은 것으로 널리 알려진 인물이다. 사람들은 그가 책을 만 권이나 읽었다고 하여, 그를 '이만권(李萬卷)'이라고 불렀다.

어느날 이발은 ≪유마경≫을 읽다가, 불가사의품(不可思議品)의 '수미산(須彌山)이 겨자 씨앗 속에 들어가고 사대해수(四大海水)가 하나의 털구멍 속에 들어간다'는 법문에 이르러 꽉 막혀버렸다. 이발은 무슨 뜻인지를 이해할 수 없어 고민하고 또 고민하다가, 여산의 업종사(業宗寺)에 있는 지상(智常) 스님을 찾아가서 여쭈었다.

"유마경에 '수미산이 겨자씨 속에 들어가고 사대해수가 하나의 털구멍 속에 들어간다'는 법문이 있던데, 그렇게 큰 산과 넓은 바다가 어떻게 겨자씨나 털구멍처럼 작은 것 속에 들어갈 수 있습니까?"

지상스님은 빙그레 웃으며 반문하였다.

"사람들이 그대를 '이만권'이라 한다지?"

"예."

"그 까닭이 무엇인가?"

"제가 이제까지 본 책이 만 권 정도 된다고 하여 그렇게 부르고 있습니다."

"그 많은 책을 어떻게 그 작은 머리 속에 다 넣었는고?"

지상스님의 이 말을 듣는 순간 이발은 마음이 확 트여

크게 깨달았다.

 이 이야기 속의 '이만권'처럼, 경전을 읽다가 생겨나는 의문을 그냥 모른 체 하지 않고 꾸준히 나아가다 보면, 좋은 인연을 만날 때 큰 깨달음을 얻게 되는 것이다.
 불교에서는 적당한 이해, 적당한 해결에 큰 가치를 부여하지 않는다. 오히려 지극히 적은 것이라도 철두철미하게 뚫고 들어가는 것을 소중히 여긴다. 무엇 하나든 정성을 다하여 나아갈 때 참된 결실을 얻을 수 있기 때문이다.
 부디 간경을 할 때 대충대충 하지 말고, 난해한 구절이나 의문이 나는 것이 있으면 그것이 풀릴 때까지 나아가기를 당부드린다.

 셋째, 처음 경전을 공부할 때는 여러 경전을 두루 섭렵하기보다는 하나의 경전을 택하여 확실히 익히는 것이 바람직하다.
 기도 삼아 독경을 하거나 경전을 공부하는 불자들 중에는 ≪반야심경≫·≪금강경≫·≪법화경≫·≪천수경≫·≪관음경≫·≪지장경≫ 등 영험이 크다고 하는 경은 무엇이든 취하여 외우거나 공부하는 경우가 허다하다.

하지만 한 가지 경전을 옳게 통달하면 나머지 경전들도 저절로 통달이 되는 것이므로, 간경하는 힘이 잘 모일 때까지는 하나의 경전을 부지런히 읽으면서 공부하는 것이 좋다.

❁

중국 수나라 때의 승려인 혜공과 혜원은 사형·사제 사이로, 젊은 시절 '기필코 불도를 성취하겠다'는 서원을 함께 세웠다. 그리고 사제인 혜원스님은 장안으로 가서 여러 경전을 남김없이 독파하여 대강사가 되었고, 혜공스님은 강화로 가서 오로지 ≪관음경≫만을 외우며 정진하였다.

두 스님은 헤어진 지 30년만에 다시 만나게 되었다. 이때 혜원스님은 여러 경전의 심오한 도리를 쉴 사이 없이 계속 말하였으나, 사형인 혜공스님은 한 마디의 응답도 없이 묵묵히 듣고만 있을 뿐이었다. 홀로 열변을 토하다가 멋적어진 혜원스님은 혜공스님께 물었다.

"사형께서는 도무지 말이 없으시니, 그동안 어떤 공부를 하신 것입니까?"

"나는 원래 천성이 우둔하지 않은가? 그래서 관음경 한 권만을 읽고 외웠을 뿐이라네."

"관음경이라면 세속의 불자들도 모두 외울 수 있는 경전이지 않습니까? 사형께서는 나와 더불어 도과(道果)를 성취하겠다는 서원을 세웠거늘, 30년이 지나도록 겨우 관음경 한 권만을 외웠단 말이오? 이것은 우둔한 것이 아니라 나태한 증거요. 서원을 저버린 사형과는 그만 인연을 끊겠소이다."

혜공스님은 흥분한 혜원스님에게 차분히 말하였다.

"관음경이 비록 적은 분량의 경전이지만 역시 부처님의 말씀 아니더냐. 그 말씀을 믿어 받들면 무량한 복을 받을 것이요, 그 경전을 경솔히 생각하면 죄를 짓게 되는 법이다. 그렇게 성만 내지 말고, 서로의 인연을 끊기 전에 내가 외우는 관음경을 한 차례만 들어주게."

"허허, 관음경은 내가 백 번도 더 가르친 것인데, 어찌 시끄럽게 들으라고 하시오?"

"불법이 사람을 키우는 것이지, 사람이 불법을 키우는 것은 아니네. 다만 지성으로 부처님 말씀을 들으면 그만이지, 왜 사람을 핑계하여 법까지 버리려 하는가?"

이 말을 무시할 수 없었던 혜원스님은 마지못해 혜공스님의 《관음경》 독경소리를 들어야만 했다. 그런데 혜공스님이 경의 제목을 읽자 이상한 향기가 방 안에 충만하였고, 본문을 읽어나가자 천상의 음악소리가 울려퍼지면서 네 가지 꽃비가 내리기 시작했다. 천상의 음악소리는 갈수록 미묘한 곡조로 바뀌었고 꽃비는 분분히 휘날리더니, 혜공스님이 ≪관음경≫ 외우기를 끝내자 꽃비도 음악소리도 일순간에 멎는 것이었다.

눈앞에서 전개되는 기적에 깜짝 놀란 혜원스님은 자신의 오만함을 깊이 뉘우치고, 혜공스님 앞에 엎드려 눈물을 흘리며 사죄하였다.

"한갓 냄새나는 송장에 불과한 혜원이 감히 불법을 깊이 깨달았다며 자부하고 살았습니다. 부디 저를 깨우쳐 주십시오."

모든 경전을 두루 섭렵한 혜원스님과 ≪관음경≫ 하나만을 30년 동안 외운 혜공스님. 이 두 분 스님 중 어느 스님의 도력이 더 높은 것일까? 모든 사람이 다 혜공스님을 택할 것이다. 간경수행을 하는 불자라면 마땅히 혜원이 아닌 혜공스님을 닮고자 노력해야 한다.

물론 근기(根機)에 따라서는 많은 경전을 접하여야 많이 깨우치는 사람도 있겠지만, 불법의 세계는 그야말로 '일통일체통(一通一切通)'이다. 하나를 통달하면 모든 것을 통달할 수 있게 된다. 한 경전을 요달하면 모든 경전의 뜻을 꿰뚫을 수가 있다.

오직 성패는 내가 그 경전과 하나가 되어 공부를 하느냐 하지 못하느냐에 달려 있다. 하나가 되어 공부를 하다 보면 차츰 삼매에 젖어들게 되고, 마침내는 혜공스님과 같은 신통묘용이 저절로 생겨나게 되는 것이다.

나는 간경공부를 하고자 하는 불자들에게 이렇게 권하고 싶다.

'만약 지금 특별히 공부하고 있는 경전이 없다면 양이 많은 경전보다 짤막하면서도 심오한 ≪반야심경≫을 외우라.'고…….

정녕 짧디짧은 ≪반야심경≫ 하나라도 분명히 공부하여, 그 경전의 뜻을 조금의 의문도 없이 해득할 수 있을 때까지 공부를 지어가면, 무량한 공덕과 함께 참으로 깊은 경지를 틀림없이 성취할 수 있게 되기 때문이다.

그렇다고 하여 ≪반야심경≫ 이외의 다른 경전이나 책을 보지 말라는 것은 아니다. 하나의 경전, 곧 ≪반야심경≫ 등을 '나'의 중심으로 삼고 다른 불경이나 불교서적들을 보라는 것이다. 그렇게 공부하면 결국은 모든 가르침이 ≪반야심경≫의 공삼매(空三昧)를 체득하는 밑거름이 되어 흔들림없이 깨달음의 세계로 나아갈 수 있게 된다.

부디 우리 불자들이 이제까지 열거한 간경공부의 기본

요령을 잘 터득하여 꼭 북대문을 통과하기 바란다.

진언총지의 주력문(呪力門)

4대문 가운데 동대문에 해당하는 주력문은 진언총지문(眞言總持門)이라고도 한다.

진언총지문의 '眞言'은 '참된 말', '진리의 언어' 등으로 풀이되고, '總持'는 범어 다라니(Dhāraṇi)를 의역(意譯)한 말로서, '모든 장애를 벗어나게 하고 한량없는 복덕과 공덕을 다 간직하고 있다'는 뜻이다. 곧 진언과 다라니는 다른 말이 아니다.

그런데 일반적으로는 범어로 된 짧은 구절을 진언(眞言) 또는 주(呪)라 하고, 긴 구절로 된 것을 다라니 또는 대주(大呪)라고 한다. 이러한 용어 풀이를 통하여 보면 '주력문·진언총지문'이 밀교(密敎) 계통의 수행체계라는 것을 쉽게 느낄 수 있을 것이다. 따라서 진언총지의 주력문을 이야기하기 전에 밀교에 대해 간략히 살펴볼 필요가 있다. 밀교가 무엇인지를 모르면 주력수행법을 잘 이해할 수 없기 때문이다.

밀교는 부처님께서 깨우친 진리를 은밀하게 보여주는 대승불교의 한 교파이다. 밀교가 성립될 당시의 인도불교는 실천행보다 이론적인 탐구를 더 중요시하고 있었다. 또 중생을 구제하는 승려보다는 학문을 익히며 대접받는 승려들이 많았던 시기이다.

이러한 불교계의 흐름은 교학(敎學)의 찬란한 발전을 가져오는 장점도 있었지만, 많은 신도를 잃게 되고 교단의 위축을 스스로 가져오는 단점도 있었다. 밀교는 바로 이러한 단점을 극복하고 실천을 위주로 한 대중불교를 펼치려는 뜻에서 시작되었다.

그리하여 당시까지 발전되어 왔던 반야공사상(般若空思想)과 유식사상(唯識思想)을 계승 발전시킴과 동시에, 힌두교와 민간신앙을 폭넓게 받아들인 다음 그것을 다시 불교적으로 정립한 것이 밀교의 사상적 바탕이 되었다.

밀교의 근본경전으로는 ≪대일경 大日經≫과 ≪금강정경 金剛頂經≫이 있다. 이중 ≪대일경≫은 밀교의 이론적 원리를 밝힌 경전이고, ≪금강정경≫은 밀교수행법의 체계를 밝힌 경전이다. 나아가 이들 경전에서는 법신불(法身佛)인 대일여래(大日如來)의 근본 서원력에 의지하여, 대일여래와 조금도 다를 바 없는 '나'의 근본자리를 찾는 태장계(胎藏界) 수행법과 대일여래와 같은 지성(智性)을 발현시키는 금강계(金剛界) 수행법을 닦아 익히면, 이 육신을 지닌 채로 부처가 될 수 있다는 '즉신성불(卽身成

佛)'을 강조하고 있다.

그럼 어떻게 하여야 즉신성불을 이룰 수 있는가? 몸으로는 단정히 앉아 여러 가지 수인(手印)을 맺고, 입으로는 진언을 염송하고, 마음으로는 대일여래를 생각하는 것이다.

이것을 신밀(身密)·구밀(口密)·의밀(意密)의 '삼밀가지(三密加持)' 수행법이라고 한다. 곧 '나'의 몸과 말과 뜻, 부처님의 몸과 말과 뜻, 이 둘이 서로 은밀하게 감응하여 일치를 이루면 현생에서 능히 성불할 수 있게 된다는 것이다.

우리가 지금 주제로 삼고 있는 '진언총지의 주력문'은 바로 이 삼밀가지 수행법을 뜻한다. 하지만 현재 우리나라에서 행하여지고 있는 주력문은 신·구·의 삼밀을 모두 갖춘 수행법이 아니라, 진언이나 다라니만을 열심히 외우는 구밀(口密)의 수행에 한정되고 있다.

그렇다고 하여 입으로만 외우는 이 구밀수행법, 곧 주력을 무시해서는 안 된다. 왜냐하면 진언(眞言, 呪) 그 자체가 가지고 있는 신비로운 힘[呪力]이 있기 때문이다.

그 힘은 어떠한 힘인가? 제불삼보감통력(諸佛三寶感通力)이다. 모든 부처님과 삼보의 감통력이다. 우리가 진언이나 다라니를 지극 정성으로 외워나가면 제불삼보와 그대로 감통하여 소원을 성취할 수도 있고 깨달음을 이룰 수도 있는 것이다.

❁

조선 말기, 고(高)씨 성을 가진 한 젊은이는 뜻하지 않게 문둥병에 걸리고 말았다. 처음에는 온몸이 곪아터지기 시작하더니, 마침내는 손가락 마디마디가 떨어져 나가 양쪽 엄지손가락만이 남게 되었다. 집에서도 마을에서도 쫓겨나게 된 그 젊은이는 이곳 저곳을 전전하며 한술 밥을 빌어먹으면서 모진 목숨을 부지해야만 했다.

그러던 어느 여름날, 젊은이는 정자나무 밑에서 한 노스님을 만났고, 기도성취에 관한 여러 가지 이야기를 듣다가 자신의 병에 대해 여쭈었다.

"스님, 제가 걸린 문둥병도 기도를 하면 고칠 수 있습니까?"

"고칠 수 있다마다. <불정심관세음보살모다라니> 10만 번만 외우면 능히 나을 수 있지."

"스님, 저에게 그 주문을 가르쳐 주십시오."

노스님은 자상하게 그 주문을 써주고, 직접 여러 차례 읽어주었다.

나모라 다나다라 야야 나막 아리야 바로기제 새바 라
야 모지 사다바야 마하사다바야 마하가로니가야 다냐
타 아바다 아바다 바리바제 인혜혜 다냐타 살바다라니
만다라야 인혜혜 바라마수다 못다야
옴 살바작수가야 다라니 인지리야 다냐타 바로기제 새
바라야 살바돗타 오하야미 사바하

젊은이는 곧바로 동네 앞에 있는 개천가로 가서 잔돌 10만 개를 모았고 아침저녁 동네에 들어가 밥을 얻어먹는 시간을 제외하고는 오로지 <관세음보살모다라니>를 외우는 일에만 몰두하였다. 한 번 외우고는 돌을 하나 치우고 또 한 번 외우고는 돌을 하나 치우고……. 이렇게 하다보니 돌 10만개가 하나도 남지 않게 되었다. 젊은이는 그날 밤 감미로운 한 편의 꿈을 꾸었다.

우아하고 아름다운 한 여인이 젊은이를 찾아와 두 팔로 안더니 개천으로 데리고 들어가서 정성껏 온몸을 씻어주는 것이었다. 젊은이는 말할 수 없는 상쾌함을 느끼고 꿈에서 깨어났는데, 그토록 자신을 못살게 굴었던 문둥병이 깨끗이 치료되어 있었던 것이다.

그뒤 젊은이는 출가하여 덕산(德山)이라는 법명을 받았고, 경주 석굴암에서 일평생을 기도하며 지냈다고 한다.

이렇듯 진언이나 다라니를 열심히 외우면 누구나 삼보의 감통력을 입을 수 있게 된다.

여기서 주력수행을 하는 불자들에게 한 가지 더 주문하고 싶은 것은 입으로 진언을 외움과 동시에 앞에서 말한 삼밀가지 중 의밀(意密)을 함께 행하라는 것이다. 그렇다고 하여 의밀가지가 아주 특별한 것을 뜻하는 것은 아니다. 진언을 외우면서 그 진언의 제목에 해당하는 모습을 마음으로 떠올리는 관상법(觀想法)이다.

경전을 읽을 때 뜻을 새기듯이, 진언이나 다라니를 외울 때 그 장면을 관상하게 되면 주문의 힘을 크게 불러일으킬 수 있게 된다. 영가천도를 위한 관음시식(觀音施食) 중 4다라니(四陀羅尼)를 외울 때를 예로 들어보자.

4다라니는 변식진언(變食眞言)·시감로수진언(施甘露水眞言)·일자수륜관진언(一字水輪觀眞言)·유해진언(乳海眞言)의 넷으로 이루어져 있다. 이 진언들을 세 번 또는 일곱 번을 외운다.

먼저 변식진언을 외움에 있어 첫번째는 밥 한 그릇이 일곱 그릇으로 변하는 것을 관하고, 두 번째는 일곱그릇이 마흔아홉 그릇으로 변하는 것을 관해야 하며 세 번째는 또 7배, 그렇게 일곱 번을 외우면 처음 차려놓은 공양물은 수십만 배로 변한다. 그렇게 되면 모든 영가들이 아주 만족스럽게 포식할 수가 있다.

감로수진언을 외울 때도 마찬가지이다. 옛말에 '하늘 사람은 물을 유리궁전으로 보고 사람은 물로 본다. 고기는 물 속에 살면서도 물을 보지 못하고 귀신은 물을 불로 본다(天見琉璃人見水 魚不見水鬼見火).'고 하였다. 이와같이 귀신은 물을 불로 보기 때문에 감로수 주는 것을 생각하면서 감로수진언을 외워주지 않으면 물을 마실 수가 없다고 한다.

실로 변식을 이루어내고 감로수를 마실 수 있게 하는 것은 주문의 힘과 관상력(觀想力), 삼보의 신력(神力)으로 말미암아 이루어지는 것이다.

그러므로 4다라니뿐만이 아니라 어떠한 진언을 외울 때도 마음으로 관하여야 한다.

그 옛날부터 오늘날까지 우리 불가에서는 진언이나 다라니의 뜻을 굳이 풀이하지 않고 있다. 풀이를 할 수 없어서가 아니라 진언 그 자체의 신비로운 힘을 깨뜨리지 않기 위해 범음(梵音) 그대로 읽는 것이다.

그 대신 주어진 것이 관상법이다. 광명진언·아미타불 본심미묘진언·옴마니반메훔·대비주·능엄주 그 어떠한 주력을 행할지라도 꼭 관상하는 것을 잊지 말기 바란다.

나아가 천수경 등과 같이 경문과 주문이 함께 있는 경

전을 외울 경우 진언이나 다라니를 외울 때 관상을 하고 경 구절을 외울 때는 뜻을 새기며 읽게 되면 그 효과는 가히 불가사의한 것이다.

　이상의 사항을 부디 명심하여 진언총지의 주력문을 잘 통과하기 바란다.

　이제까지 우리는 참선·염불·간경·주력이라는 불교의 4대수행문에 대해 살펴보았다. 동서남북으로 뚫려 있는 이 네 개의 큰 문! 그 어느 문이든 통과만 하면 누구라도 부처님의 열반궁에 들어갈 수 있다.

　문제는 '나'의 신심이요 '나'의 정성이다. 무엇이든 하나를 선택하여 믿고 정성껏 나아가면 어찌 '나'라고 못 들어가리. 꾸준히 하다 보면 문득 삼매(三昧)에 젖어들 날이 있고, 그날이 오면 깨달음의 궁전·행복의 궁전·해탈의 궁전에 와 있음을 스스로 느낄 수 있게 된다.

　부디 그날이 올 때까지 물러섬 없이 잘 정진하시기를 두 손 모아 깊이 깊이 축원드린다.

　나무마하반야바라밀

조계종 대원로 동곡당 일타대종사 행장
(曹溪宗 大元老 東谷堂 日陀大宗師 行狀)

　행장을 엮고자 하니 자비로운 미소를 가득 머금은 스님의 모습이 떠올라 눈물이 먼저 앞을 가립니다. 생사와 열반이 둘이 아니라고 하지만, 인천人天의 사표師表가 되셨던 큰스님을 여읜 저희로서는 인생의 무상함과 덧없음이 더욱 크게 느껴질 뿐입니다.

　동곡 일타 큰스님은 지금부터 70년 전인 1929년 기사년 9월 2일(음력8월1일) 오시午時에, 충청남도 공주군 우성면 동대리 182번지에서 연안김씨延安金氏 봉수鳳秀 공을 아버지로, 광산김씨光山金氏 상남上男씨를 어머니로 하여 4남매 중 삼남三男으로 태어났습니다.

　1933년(5세), 사는 마을로 탁발을 하러 온 스님을 따라다니며, 『천수경』과 『반야심경』을 독경하는 소리를 듣고 그날 모두 외웠을 뿐 아니라, 지옥·천당·극락 등의 이야기와 인과이야기를 듣고 곧바로 믿었으며, '일체유심조一切唯心造'를 마음에 깊이 새겼으니, 전생부터의 불연佛緣은 참으로 지중하였습니다.

　1936년(8세) 공주 본정공립보통학교에 입학하였고, 1942년(14세) 친가 외가의 식구 41명이 모두 출가함에 따라, 보통학교를 졸업함과 동시에 양산 통도사에 계신 윤고경尹古鏡스님을 찾아가 출가득도하였습니다. 1945년(17세) 현 보광고등학교인 통도사립중학교를 졸업하고, 1946년(18세) 정월에 은사스님께서 입적하자 순천 송광사 삼일암선원의 효봉스님 회상에서 첫 하안거夏安居를 하고 속리산 복천암선원에서 동안거冬安居를 하며 참선의 길로 들어섰습니다.

그러나 불교공부의 기초가 미진함을 느끼고 1947년(19세) 통도사 불교전문강원에 입학하여 경학經學 공부에 몰두하였으며, 이때 스님은 불경에 대한 문리文理를 터득하셨습니다. 1949년(21세) 통도사 불교전문강원 대교과大敎科를 졸업하고 범어사 금강계단에서 동산스님을 계사로 비구계와 보살계를 수지하였으며, 1950년(22세)부터 다시 운수납자雲水衲子의 길로 들어서서 진양 응석사와 범어사, 성주사 선원 등에서 금오·동산·성철 스님을 모시고 정진하였습니다.

1953년(25세) 자운율사의 권유로 천화율원千華律院에서 율장전서를 열람하고 계법戒法을 정립하였으며, 1954년(26세) 강원도 오대산 서대에서 혜암스님과 함께 생식과 장좌불와로 하안거를 마친 뒤, 적멸보궁에서 하루 3천 배씩 7일기도를 하고 연비연향燃指燃香 발원을 했습니다.

稽首如空 等一痛切

唯垂加被　開我迷雲 (下略)
허공과 같은 법신자리에 절하옵고
평등한 일심으로 간절히 임하나이다
오직 가피를 드리우시어
저의 미혹한 구름을 열어주소서…

　발원을 마친 뒤 스님은 세속과 관련된 사람노릇에 대한 미련을 모두 버리고 '오로지 중노릇만 잘하리라' 결심하며 오른손 네 손가락을 심지로 삼아 불을 붙였고, 한밤중에 시작된 연비는 날이 훤해지면서 끝이 났습니다.
　이듬해인 1955년(27세), 스님은 경북 봉화군 소천면 태백산 도솔암으로 들어가 동구불출洞口不出·오후불식午後不食·장좌불와長坐不臥를 지키며 홀로 6년의 결사結社를 시작하였습니다.
　그렇게 정진을 하다가 1956년 음력 3월 22일에 큰 환희의 경지를 이루어 게송을 지었습니다.

頓忘一夜過　時空何所有
開門花笑來　光明滿天地
몰록 하룻밤을 잊고 지냈으니
시간과 공간은 어디로 가버렸나
문을 여니 꽃이 웃으며 다가오고
광명이 천지에 가득 넘치는구나

깊은 산 높은 봉우리 위에 앉아 산새와 솔바람 소리를 벗삼으며 깊은 삼매의 도를 이루었던 일타큰스님! 노년에도 스님께서는 이 태백산에서 정진할 때가 '참으로 좋은 시절'이었다고 회상하셨습니다.

태백산 6년 정진을 통하여 정법正法과 대원大願과 대행大行을 구족하신 스님은 1960년(32세) 산에서 내려와 걸림없는 교화의 길을 열어 보였습니다. 때로는 당대의 도인스님을 찾아 선문답을 나누었고, 조계종단에 큰일이 있을 때마다 종회의원·교육의원·법규의원·감찰위원·역경위원 등을 맡아 정법의 기틀을 마련하였습니다. 또한 언설변재言說辯才를 갖추었던 스님은 30대의 젊은 나이에 대법사로 추앙받아, 전국의 여러 사찰에서 걸림없는 법문으로 중생을 교화하였습니다. 그와같은 와중에서도 스님은 해인사·화엄사·통도사·극락암 등의 선원에 들어가 하안거·동안거 결제에 한 차례도 거르는 일이 없었습니다.

45세 때인 1973년, 스님은 인도의 팔대성지 등과 동남아시아 10여개국의 불교성지를 순례하면서 불교의 뿌리와 우리불교의 장단점을 살폈으며, 이듬해에는 유럽 10여개국을 관광하였습니다. 그때 스님은 '겉모양이나 언어·문자를 떠난 마음이야말로 세계 어디에서나 통한다'는 것을 깊이 느끼고, 귀국하자 곧바로 태백산 도솔암으로 다시 들어가 안거 정진하였습니다.

1976년(48세) 해인총림의 율주律主로 피임된 스님은 『사미율의』, 『불교와 계율』 등 계율과 관련된 여러 책을 발간하고 후학들을 양성하여, 일제강점기 때부터 무너졌던 이 땅의 계율을 재정립하는데 많은 힘을 쏟았습니다. 또한 1980년부터는 미국 LA의 고려사 포교를 시작으로 2년 동안 북미·남미·중미의 여러 지역을 순회하면서 한국불교를 세계에 널리 알렸습니다.

1987년(59세) 봄, 스님은 '간경화'라는 난치의 병에 걸렸습니다. 14년 전 인도로 갔을 때 옮은 간염을 방치하여 간경화로 진행된 것입니다. 이러한 큰 병이 찾아들었어도 스님은 오히려 정진으로 일관하며 더 큰 깨달음을 향해 나아가셨습니다. 1990년 봄, 스님은 지리산 칠불암으로 들어가 용맹정진하시며 다음의 시를 남겼습니다.

藥病俱放下　亞字房中坐
遠看白雲飛　近聞杜鵑啼
追念古聖蹟　於此得大機
我欲默無言　殘年度如如

약과 병을 함께 다 놓아버리고
아자방 한가운데 앉았으니
저 멀리에 흰구름이 나르고
가까이에서는 두견새가 우는구나
옛 성인의 자취를 좇아 생각하니

이 아자방에서 큰 기틀을 얻으셨도다
나도 여기에서 묵언정진하며
남은 해를 여여하게 지내보리라

죽음을 넘어선 정진으로 어느 정도 건강을 되찾은 스님은 1992년부터 불자들의 올바른 신행생활을 위해 집필을 시작하셨습니다. 알기 쉽고 깨달음이 깊은 저서를 통하여 일일이 접견할 수 없는 불자들을 교화하기 위해 글을 남기신 것입니다.

『기도』,『생활속의 기도법』,『윤회와 인과응보 이야기』,『시작하는 마음』,『영원으로 향하는 마음』,『자기를 돌아보는 마음』,『불자의 기본예절』,『범망경 보살계』 5책, 법어집인 『부드러운 말 한마디 미묘한 향이로다』 등 20권에 가까운 책은, 스님께서 열반에 드신 지금에도 우리 곁에 남아 우리를 깨우쳐 주고 있습니다. 그리고 1997년에는 일어판으로 『不安을 希望으로 바꾸어주는 佛敎의 祈禱』라는 책을 일본 법장관法藏館에서 출판하여, 일본의 '좋은 책 10선' 중 하나로 꼽히기도 하였습니다.

또한 1993년(65세), 대한불교조계종 전국 구족계 단일계단 전계대화상으로 추대되어 모든 승려들에게 부처님께서 제정하신 계를 수계하는 중임을 맡았으며, 1994년 5월에는 대한불교조계종 원로회의 의원으로 추대되셨습니다. 그리고 해인사 지족암에 선방을 만들고, 대

본사인 은해사의 조실로 계시면서 후학들을 지도하셨습니다.

1996년(68세)부터 스님의 몸은 열반을 감지했음인지 생사리生舍利가 나오기 시작했습니다. 연비를 한 오른손에서 한 달에 한·두 과 또는 세 과씩 나와, 열반하시기 전까지 1백여 과의 사리가 나왔습니다. 그 사리 중의 일부는 증장增長하거나 분신分身을 하여 여러 개로 나누어지기도 하였습니다.

만년에 스님은 자주 말씀을 남겼습니다.

"다음 생에는 지구상의 최강국인 미국에서 태어나 거룩한 상호를 갖추고, 학업을 마치면 한국으로 와서 출가하리라. 그래서 젊은 나이에 부처님과 같은 대도大道를 이루어 일체중생을 제도하고, 이 땅의 불교를 세계에 펼치리라."

이 말씀처럼 스님은 3년 전부터 매년 가을철이 되면 미국을 찾았습니다. 특히 하와이에 오래 머물며 '염화시중'의 화두를 놓치 않고 마지막 회향을 준비하셨습니다. 그리고 올 11월 22일 하와이로 건너간 스님은 11월 29일 하와이 와불산 금강굴에서 상좌 혜인·혜국 등에게 후사를 부탁하고 임종게臨終偈를 수서手書하셨습니다.

一天白日露眞心　萬里淸風禪古琴
生死涅槃曾是夢　山高海闊不相侵

하늘의 밝은 해가 참된 마음 드러내니
만리의 맑은 바람 옛 거문고 타는구나
생사열반 이 모두가 오히려 꿈이러니
산은 높고 바다 넓어 서로 침범하지 않네

 게송을 남긴 스님은 편안한 모습으로 열반에 드셨으니, 세수는 71세가 되시고 법랍은 58년이십니다.
 선禪과 교敎와 율律을 두루 통달하셨던 스님!
 언제나 자비의 미소를 잃지 않으셨던 스님!
 가시는 곳마다 자비의 족적足蹟과 깨달음의 법문을 남기셨던 스님!
 공부를 하고자 하는 이를 보면 아픈 몸을 일으켜서까지 자상하게 깨우치고 또 깨우쳐 주셨던 동곡 일타 큰스님!
 스님께서는 정토를 싫어해서가 아니라, 불타는 집에 살고 있는 이 화택중생火宅衆生들을 위해 틀림없이 우리 곁에 다시 오시리라 확신합니다.
 나무아미타불

불기 2543년 12월 1일
김현준 拜書

알기 쉬운 경전 해설서

생활 속의 보왕삼매론 / 김현준   신국판   240쪽   9,000원
인생의 걸림돌을 성공의 디딤돌과 행복의 주춧돌로 만들어 주는 보왕삼매론! 병·고난·공부방해·마魔·억울함 등의 역경과 일의 성취, 정의 나눔, 타인의 순종, 공덕 쌓기, 이익과 부귀 등의 순경에서 발생하는 장애들을 능히 극복할 수 있게 하는 「보왕삼매론」을 원리에 입각하여 풀이하고 적절한 일화를 삽입하여 누구나 편안하고 감동 있게 읽을 수 있도록 엮었습니다.

생활 속의 천수경 / 김현준   신국판   240쪽   9,000원
천수관음은 어떤 분이며, 천수관음을 청하는 법과 가피를 얻는 법, 신묘장구대다라니의 풀이와 공덕, 참회 성취의 비결 및 준제기도, 주요 진언의 뜻풀이, 각종 소원을 이루는 방법 및 기도법 등을 상세하게 풀이하고 있습니다.

생활 속의 금강경 / 우룡스님   신국판   304쪽   10,000원
금강경의 심오한 내용을 알기 쉽게 풀이하고 일상생활과 접목시켜 강설함으로써 삶의 현장에서 금강경의 가르침을 능히 응용할 수 있도록 하였고, 감동을 주는 일화들을 많이 삽입하여 재미를 더해주고 있습니다.

생활 속의 관음경 / 우룡스님   신국판   240쪽   9,000원
관세음보살보문품인 관음경을 통하여 관세음보살의 본질, 일심칭명과 재난 소멸법, 공경예배와 소원 성취법, 관세음보살을 관하는 법 등에 대해 여러 가지 영험담과 함께 감동적으로 풀이하고 있습니다.

생활 속의 반야심경 / 김현준   신국판   240쪽   9,000원
공空의 의미, 모든 괴로움의 원인과 괴로움에서 벗어나는 방법, 색즉시공 공즉시색의 참뜻, 걸림 없고 진실불허한 삶을 이루는 방법 등을 반야심경의 경문을 따라 쉽고 상세하고 재미있게 풀이하고 있습니다.

예불문, 그 속에 깃든 의미 / 김현준   신국판   256쪽   9,000원
많은 불자들이 궁금해 하면서도 마땅히 답을 얻기 어려웠던 오분향의 의미와 지심귀명례하는 방법, 불법승 삼보의 내용과 문수·보현·관음·지장보살, 십대제자·16나한·5백나한·천이백아라한·역대조사, 그리고 사부대중의 화합 등의 내용을 모두 담았습니다.

....

자비도량참법 / 김현준 역   양장본   528쪽   25,000원
참되이 참회하시기를 원하십니까? 자비도량 참법 기도를 하십시오. 나의 허물과 죄업의 참회에서 시작하여 부모 스승 친척 등 육도 속을 윤회하는 온 법계 중생의 업장과 무명까지 모두 소멸시켜줍니다. 이 참법을 행하다 보면 저절로 참회의 마음이 깊어지고 자비가 충만하여지고 환희심이 넘쳐 나게 됩니다.

육조단경 / 김현준   4×6배판   210쪽   8,000원
육조 혜능대사께서 설한 선종의 근본 경전으로 인간의 참된 본성을 보게 하여 마음을 치유하고 깊은 깨달음을 열어주는 불자의 필독서.

기도 및 영가천도의 지침서

광명진언 기도법 / 일타스님·김현준　　　신국판　176쪽　6,000원
광명진언 기도를 널리 펴고자 일타스님과 김현준 원장이 함께 저술한 책. 광명진언 속에 새겨진 참의미와 바른 기도법, 빠른 기도성취법 등을 자상하게 설하고, 유형별 기도성취 영험담을 다양하게 수록하였으며, 누구나 보기 쉽도록 큰활자로 발간하였습니다. 광명진언을 외우면 행복과 평화, 영가천도, 소원성취를 이룰 수 있습니다.

기도 / 일타스님　　　신국판　240쪽　9,000원
총 6장 52편의 다양한 기도 영험담으로 엮어진 이 책을 읽다보면 기도를 통해 틀림없이 부처님의 가피를 입을 수 있음을 확신할 수 있게 되고, 올바른 기도법과 함께 기도성취의 지름길을 알 수 있게 됩니다.

기도성취 백팔문답 / 김현준　　　신국판　240쪽　9,000원
기도에 대한 정의·기도와 믿음·업장소멸의 방법·꾸준한 기도의 효험·원을 세우는 법·축원법·각종 기도가피와 기도성취의 시기·성취를 위한 하심법下心法 등 기도에 관한 궁금증들을 문답형식으로 자상하게 풀이하였습니다.

참회와 사랑의 기도법 / 김현준　　　신국판　192쪽　7,000원
총 84가지 문답을 통하여 참회의 정의에서부터 참회기도를 해야하는 까닭, 절을 통한 참회법·염불참회법·주력참회법·가족을 향한 참회법, 기도 축원의 구체적인 내용 및 자비의 기도가 갖는 효과, '백중과 영가천도'등에 대해 아주 상세하게 설명하고 있습니다.

참회·참회기도법 / 김현준　　　신국판　160쪽　6,000원
참회의 참된 의미, 절·염불을 통한 참회법, 참회인의 마음가짐, 이참법 등을 영험담들과 함께 감동 깊게 엮은 책으로, 참회를 통해 행복하고 자유로운 삶을 사는 방법을 열어주고 있습니다.

불교의 자녀사랑 기도법 / 김현준　　　신국판　160쪽　6,000원
사랑하는 자녀들을 가장 잘 사랑할 수 있는 방법을 부처님의 가르침에 의지하여 정립하고 생활화한 책입니다. 이 책의 가르침을 따라 자녀를 사랑하고 기도해보십시오. 우리의 자녀들이 뜻하는 바 소원을 성취하고, 행복과 평화를 누릴 수 있게 될 것입니다. 부록으로 부모님께 효도하여야 하는 까닭과 방법도 수록하였습니다.

참회 / 김현준　　　4×6판　160쪽　5,500원
참회의 원리와 공덕, 절·염불·주력을 통한 참회법, 간단하면서도 효과가 큰 오회참법, 자비축원의 참회, 이참법, 원효대사의 대승육정참회 등을 감동 깊게 엮은 책으로, 참회를 통해 깨달음을 이루고 자유로운 삶과 행복하게 사는 방법 등을 일러주고 있습니다.

법보시를 원하시는 분은 출판사로 연락 주십시오. 할인혜택을 드립니다.
전화 02-587-6612, 582-6612 팩스 02-586-9078

신묘장구대다라니 기도법 / 우룡스님·김현준　신국판 208쪽 7,000원
신묘장구대다라니를 외우면 생겨나는 가피와 공덕, 기도의 방법과 주의할 점, 우룡스님이 들려주는 14편의 영험담, 대다라니의 근본경전인 『무애대비심다라니경』을 수록하고 있는 이 책을 읽고 자신있게 기도하면 심중소원의 성취와 기적같은 체험도 할 수 있습니다.

기도 성취의 지름길 / 우룡스님　4×6판 160쪽 5,000원
가족을 위한 기도와 기도 성취의 원리에 초점을 맞춘 감동적인 기도법문입니다. 제1부 「가족 행복을 위한 기도」에서는 가족을 향한 참회와 절의 필요성, 3배 기도의 큰 영험에 대해 일러주고 있으며, 제2부 「빠른 기도 성취의 길」에서는 믿음과 정성이 뒤따라야 기도 성취를 잘할 수 있고, 기도의 고비를 잘 넘겨야 능히 행복과 대해탈의 문이 열린다는 것을 많은 이야기를 곁들여 설하고 있습니다.

기도 이야기 / 우룡스님　신국판 204쪽 7,000원
"스님, 기도로 소원을 성취할 수 있습니까?" 총 6장 45편의, 참으로 재미있는 기도성취 영험담이 수록된 이 책을 읽고 기도를 하면, 불보살님과 통하는 감응의 길이 열리면서 심중소원을 빨리 성취하게 됩니다. 또한 이야기 끝에 붙인 큰스님의 해설은 기도의 방법을 쉽게 터득할 수 있도록 이끌어줍니다.

영가천도 / 우룡스님　신국판 160쪽 6,000원
영가의 장애를 느끼십니까? 돌아가신 영가를 영가를 제대로 천도해 드리지 못했습니까? 영가천도의 필요성과 기본자세, 염불·독경·사경을 통한 영가천도, 49재, 낙태아 천도 등 영가천도에 관한 궁금증 및 천도의 방법을 우룡스님의 자세한 법문으로 풀어드립니다.

관음신앙·관음기도법 / 김현준　신국판 240쪽 9,000원
관세음보살의 구원 능력, 주요 경전 속의 관음관, 11면관음·천수관음·32응신·33관음 등 자비관음의 여러 가지 모습, 일심칭명 일념염불의 관음기도법, 독경 사경 기도법, 다라니 염송 기도법 등을 자세하고도 알기 쉽게 풀이하였습니다.

미타신앙·미타기도법 / 김현준　신국판 160쪽 6,000원
아미타불의 참 모습에서부터 극락에서 누리는 행복, 칭명염불·오회염불·관상염불·천도염불 등의 각종 염불수행법과 함께 임종하는 이를 위한 의식과 49재 기간의 행법 등을 자세히 밝히고 있습니다.

지장신앙·지장기도법 / 김현준　신국판 192쪽 7,000원
지장신앙 속에는 영가천도뿐만이 아니라 현세에서의 행복과 깨달음, 성불의 비결까지 간직되어 있습니다. 이러한 지장신앙의 여러 측면과 함께 생활 속에서 할 수 있는 지장기도법을 자세히 밝혀놓았습니다.

한글 큰활자본 기도 독송용 경전 (책 크기 4×6배판)

| 법화경 (양 장 본) / 김현준 역 | 전1책 520쪽 25,000원 |
| 법화경 (무선제본) / 김현준 역 | 전3책 550쪽 22,000원 |

**불교 최고 경전인 법화경을 독송하면
소원성취는 물론 깨달음과 경제적인 풍요까지 안겨줍니다.**

법화경을 독송하고 사경하면 부처님과 대우주법계의 한량없는 가피가 저절로 찾아들어 업장소멸은 물론이요 갖가지 소원을 두루 성취할 수 있습니다. 특히 밝은 지혜를 얻고 크게 향상하게 되며 경제적인 풍요와 사업의 번창, 시험의 합격 및 승진이 쉬워지고 가족 모두가 평온하고 복된 삶을 누리며, 병환·재난·가난 등 현실의 괴로움이 소멸되고 부모 친척 등의 영가가 잘 천도되며 구하는 바가 뜻과 같이 이루어집니다.

지장경 / 김현준 편역   208쪽 8,000원

지장기도를 하는 분들을 위해
① 지장경을 처음부터 끝까지 1번 독송 ② '나무지장보살'을 천번염송
③ 지장보살예찬문을 외우며 158배,   ④ '지장보살' 천번 염송
의 4부로 나누어 특별히 만들었습니다. 지장경 독경 및 지장보살예참과 염불을 할 때, 각 장 앞에 제시된 기도법에 따라 기도를 하게 되면, 지장보살의 가피 속에서 틀림없이 영가천도·업장소멸·소원성취·향상된 삶을 이룩할 수 있게 됩니다.

금강경 / 우룡스님 역   112쪽 5,000원

책 크기만큼 글씨도 크게 하고 한자 원문도 수록하였으며, 관음경 해설과 함께 관음경의 원문과 독송법, 관음 염불 방법 등을 첨부하여 관음경의 가르침을 쉽게 이해하도록 하였습니다. 사찰 및 가정에서의 독송용으로 매우 좋습니다.

유마경 / 김현준 역   296쪽 12,000원

보살의 병은 어디서 오는가? 불도란 어떤 것인가? 깨달음의 세계로 들어가는 불이법문, 참된 불국토를 건설하는 방법 등등 매우 소중한 가르침들을 가득 담고 있으며, 읽다보면 눈이 번쩍 뜨이고 마음이 탁 트입니다.

김현준 원장의
알기 쉬운 불교근본교리

육바라밀 192쪽 7,000원
보시·지계·인욕·정진·선정·반야의 육바라밀을 생활에 접목시켜 재미있게 서술하였습니다.

사성제와 팔정도 240쪽 9,000원
부처님께서 설하신 사성제와 팔정도에 대해, 알기 쉽고 분명하게 풀이하였습니다.

자비 실천의 길 사섭법 192쪽 7,000원
사섭법인 보시·애어·이행·동사섭을 실천 응용하는 법을 자세히 풀이하였습니다.

삼법인·중도 160쪽 6,000원
제행무상·제법무아·열반적정의 삼법인과, 중도 속의 수행과 삶을 명확하게 해설하였습니다.

인연법 224쪽 8,000원
'인연'을 삶·괴로움·진리·마음씨·희망·행복·기도성취 등과 연결시켜 풀이하였습니다.